2022年四川省社科规划（普及）课题
“未成年人不良书写习惯的预防与矫正”学术指导用书
《健康书写》教学指导用书

不良书写习惯的预防与矫正

中小学生汉字规范书写

张旭农◎著

四川少年儿童出版社

图书在版编目（CIP）数据

不良书写习惯的预防与矫正：中小学生汉字规范书写 / 张旭农著. -- 成都：四川少年儿童出版社，2023.9
ISBN 978-7-5728-1211-8

Ⅰ. ①不… Ⅱ. ①张… Ⅲ. ①书法课－中小学－教学参考资料 Ⅳ. ① G634.955.3

中国国家版本馆 CIP 数据核字 (2023) 第 149548 号

BULIANG SHUXIE XIGUAN DE YUFANG YU JIAOZHENG　ZHONGXIAO XUESHENG HANZI GUIFAN SHUXIE

不良书写习惯的预防与矫正 中小学生汉字规范书写

张旭农　著

出 版 人　常　青
责任编辑　王三炯
插图配图　耕　夫
责任校对　于　杰
责任印制　李　欣

出　　版　四川少年儿童出版社
地　　址　成都市锦江区三色路 238 号
网　　址　http://www.sccph.com.cn
网　　店　http://scsnetcbs.tmall.com
排版制作　成都编悦文化传播有限公司
印　　刷　四川省东和印务有限责任公司
成品尺寸　260 mm × 185 mm
开　　本　16
印　　张　8.25
字　　数　165 千
版　　次　2023 年 10 月第 1 版
印　　次　2023 年 10 月第 1 次印刷
书　　号　ISBN 978-7-5728-1211-8
定　　价　36.00 元

导 语

汉字的毛笔字书写，已有数千年的历史承袭。写好汉字，最重要的就在于从小培养儿童良好的书写行为习惯，如正确的身法、执笔法、用笔法等。这些，在古代被称为毛笔字书写的基本规则和规矩。

清人翁方纲认为：没有规矩，不成方圆。

现在使用钢笔书写，相较于毛笔书写，具有携带方便、书写便利的特点。但这并不意味着我们就可以不按汉字书写基本规则、规矩和规范，随意而为，让延续千年的书法教育缺位于当今的儿童教育。

2013年，教育部在相关文件中明确指出：汉字和以汉字为载体的中国书法是中华民族的文化瑰宝，是人类文明的宝贵财富。书法教育对培养学生的书写能力、审美能力和提升文化修养具有重要作用。按照这一文件要求，硬笔书法的教学要求就是：掌握执笔要领，书写姿势正确，不急不躁，专心致志。学习正确的运笔方法，逐步体会起笔、行笔、收笔的运笔感觉，逐步感受硬笔书写中力度、速度的变化，逐步体会铅笔、钢笔书写的特点。养成“提笔就是练字时”的习惯。

本书将小学书法教育课程，分解为正姿、正笔、正字三个主题。正姿，即硬笔书写的身法、执笔法，本书进行了详细的解析；正笔，则按照汉字书写规则，分解为控笔、运笔两个技术要点，进行系统地教学法引导；正字，根据部颁语文课程教科书汉字书写要求，本书从小学低年级的铅笔字楷书书写、小学中高年级的钢笔字行楷书书写、初高中应用书写三个方面入手，形成了一个系统的、循序渐进的教学训练体系。本书着重于小学低段铅笔字书法教学训练法的解读，同时也对小学中高段行楷书学习、初高中学生的应用书写学习做了一些简单分析和学习引导。

本书作为国内第一本完全按照部颁语文课程汉字书写要求，通过正姿、正笔、正字形成了一个闭环式的教学训练体系的教学用书，以“养成良好书写习惯，呵护儿童健康成长”为主旨，倡导儿童健康书写的行为规范和不良书写习惯的预防与矫正。

谨以本书献给所有关心未成年人书写健康，关注中小学生良好书写习惯养成的学校校长、教师、学生家长，以及高等院校师范专业师生，希望本书能够得到从事硬笔书法教学法的方家、学人的认同和指正。

本书中的教学实验长达十年。期间，四川省社科联、四川省精神文明办、成都文理学院给予了一贯的支持和资助。2022年，“未成年人不良书写习惯的预防与矫正”获四川省社科规划（普及）课题立项，课题组在40余所中小学建立了教学实验基地，为本书在学生铅笔字课程、中小学教师书写能力提高等方面的许多教学主张，提供了现实的教学实验途径和实验数据支持。

为此，一并致以衷心的感谢。

张旭农

2023年6月

大邑鹤鸣山步云轩

目录

第四章　正字卷一：小学生铅笔字标准楷书的书写教学

第五章　正字卷二：中小学生规范汉字的书写教学指南

第六章　正字卷三：不同学段汉字规范书写的几种书体

第一章

不良书写行为习惯危害儿童健康

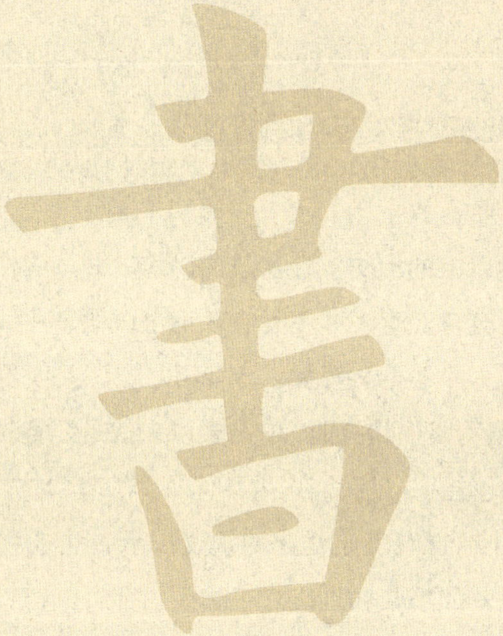

欧阳询楷书

不良书写行为习惯的成因与危害

一、毛笔字书法历来注重书写行为的规范

古代儿童的书写，始于毛笔字。

毛笔字在中国有两千年以上的历史。春秋战国以前，书写就作为“六艺”之一，用于儿童的启蒙教育。清人苏惇元在《论书浅语》中说：“书者，小技也，然为六艺之一。古之小学教焉，乃有用之技，人生不可缺者也。”翻译过来就是：汉字书写是一门技能，它自古以来就是儿童教育的一部分，是非常有用的一种文化能力，是我们人生不可缺少的基本技能。

汉字书写行为的规范，是我们民族文化的重要传承，它还将一直延续下去，永远伴随着我们民族的繁荣和昌盛。正如《三字经》言：“礼乐射，御书数。古六艺，今不具。惟书学，人共遵。”

其实，“礼乐射，御书数”中的“书”，不全是“书写”的意思，而是“识字、写字、作文、训诂”等最为基本的儿童语文课程学习内容。所以，汉字的书写一直都与语文教学密不可分。

古代的儿童书法教育，有“唐人尚法”的传统，并出现了“欧、颜、柳、赵”四大法书。之所以称之为“法书”，是因为国家通过书体的规范，书写的规则和规矩，维护汉字书写上的文化统一。

随着清末开始的西学东渐，钢笔逐步替代了毛笔，成为中国人书写的主要工具。钢笔书写更为方便简单，易于普及，加之后来又出现了一些使用起来更便利的书写工具，如圆珠笔、中性笔、签字笔、纤维笔等，它们统称为“硬笔”。

二、硬笔书写的不良书写行为在于书法教育的缺失

硬笔书写，是一种应用十分广泛的书写技能。这与当今时代毛笔书法完全不同。毛笔书法已经退出了应用书写的领域，成了个性化的艺术行为，它的作用在于将汉字“艺术”地呈现。而硬笔书写成了汉字应用书写的主流方式，是个人的书写能力和文化能力的重要表现。

既如此，硬笔书写的第一属性必然体现为国家文化统一的共性化原则——“社会性”。这一原则源起于秦的“书同文”，在东汉以后，楷书的出现，更标志着国家对于文字规范的要求。

2000年国家颁布《中华人民共和国国家通用语言文字法》，将“推行规范汉字”纳入国家法律条文。2011年教育部印发了《关于中小学开展书法教育的意见》，2013年又颁布了《中小学书法教育指导纲要》，指出目前中小学生的汉字书写能力有所弱化，为继承和弘扬中华优秀文化，提高国民素质，有必要在中小学加强书法教育。文件对硬笔书写要引导学生“掌握执笔要领，书写姿势正确”“逐步体会铅笔、钢笔书写的特点”等教学内容提出了明确要求。这些都体现了国家对于儿童汉字书写行为规范的重视。

但根据目前中小学生汉字书写能力弱化的情况分析，国家的上述要求并没有得到有效地实施。这很大程度上与我们学校教师、学生家长个人书写能力偏弱有关。当我们的小学教师从中师生变成了本科生、硕士生，他们中究竟有多少拥有良好的“三笔字”书写的教学基本功和教学技能呢？他们能否运用最基本的书法史学、书法美学、汉字书写技能去引导孩子们正确地书写？这就难说了。在小学汉字书写教育方面，大学生不如中师生的现象，长期以来深受业界诟病。2018年国家将钢笔字、毛笔字、粉笔字书写列入教师教学基本功和教学技能，但我们的学校教师要什么时候才能达到这个基本标准？

2023年初，我们通过四川省社科规划（普及）课题“未成年人不良书写习惯的预防与矫正”的学术调查，在对获得的600余份教师硬笔字楷书书写资料的分析中发现：绝大多数中青年教师的书写处于无序状态，即没

有得到过任何系统的“三笔字”书写的教学培训或培训效果极为不好，在汉字书写行为认知和行为能力方面，都表现得相当薄弱，甚至他们的书写姿势、书写行为也还存在不同程度的不良习惯问题。

三、缺乏规范的书写行为使汉字“书写”成了“刻画”

中国汉字书写从古文字的“刻画”，发展到毛笔字的“书写”，最终成就了中国书法之美。宗白华认为：所以中国人这支笔，开始于一画，界破了虚空，留下了笔迹，既流出了人心之美，也流出了万象之美。他甚至提出：书法自殷商以来，风格变迁很显著，可以代替建筑在西方美术史上的地位，凭借它来窥视各个时期艺术风格的特征。

汉字的“刻画”，始见于7000多年前河南舞阳贾湖遗址龟甲等器物上的“刻符”，后见于约6000年前半坡遗址的“陶文”，最后见于商代的“甲骨文”。据宗白华先生的考证，毛笔和竹简、木简出现在殷商时期。所以，在《史记·孔子世家》中就有了孔子晚年读《周易》而“韦编三绝”。这“韦编”二字，就是指串联竹简的皮绳。可见在孔子生活的时代，使用毛笔在木椟、竹简上书写已经很普遍了。毛笔的笔头是兽毛做成的，很软，使用起来非常讲究，由此出现了一些基本的规则和规矩集成的“法度”。这大概就是“书法艺术”的最早由来。

汉字的书写不同于刻画，不仅仅是使用工具的不同，更在于书写行为方式上的变化。通过数千年来书法艺术的探索，书法形成了在史学、教育、美学、艺术创作方面的学术体系——书学。

书法和书学，共同构成了汉字书法教育体系和审美构架。在历史上，书法是一种普及率很高的基本文化能力，而不是一种单纯的艺术行为，尤其是作为应用书写典范的小字书写，更是一种普遍的书写能力。

翻看古人的文牍笔记，大都是小字书写，比如文案、信函、著述、契券，以及中医的药方等，可见小字书写在古代是常态。而大字的书写则少之又少，比如题写匾额、碑文、楹联、中堂之类的，只是偶尔为之而已。而且，毛笔字的小字书写同我们现在书写钢笔字一样，也很注重汉字书写的

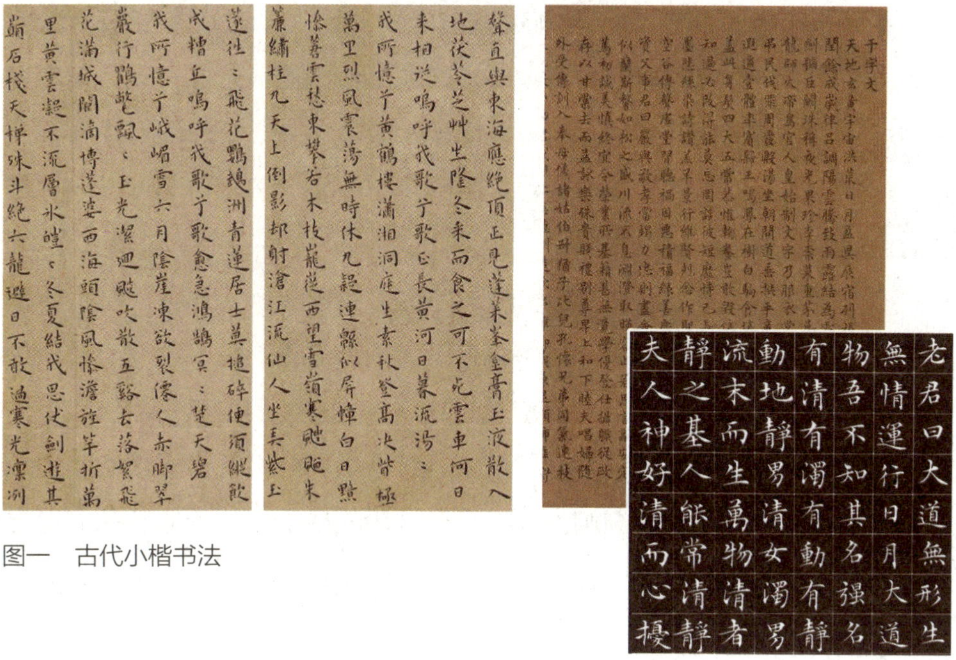

图一　古代小楷书法

规范，也就是将辨识度作为最为重要的书写要求。在明代的时候，还出现了国家要求按照沈周书写的楷书来规范公文书写的“馆阁体”。

就连中国书法史上最有代表性的艺术作品，也大都是小字书写的作品，如王羲之的《兰亭序》、颜真卿的《祭侄文稿》、苏轼的《寒食帖》等。

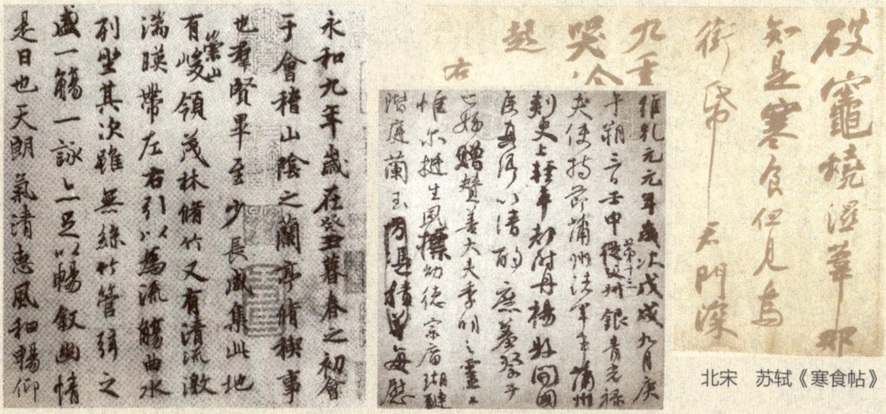

北宋　苏轼《寒食帖》

东晋　王羲之《兰亭序》

唐　颜真卿《祭侄文稿》

东晋王羲之的《兰亭序》，被称为天下第一行书。现在留存下来的冯承素的摹写本，尺幅长69.9厘米，宽24.5厘米，是小字书写。而中唐时期颜真卿的《祭侄文稿》和北宋时期苏轼的《寒食帖》，被称为天下第二、第三行书，也均为小字书写。

图二　三大名帖

在硬笔字书写的今天，因书法教育的缺失，许多教师不能根据教育部《中小学书法教育指导纲要》的要求，在学生铅笔字楷书书写、钢笔字楷书书写、钢笔字行楷书书写的不同阶段，给予学生必要的学习指导。于是，学生便将铅笔字书写的行为习惯带到了钢笔字的书写中，形成一种特别的书写方式——刻画式书写。

铅笔的笔杆太细，笔迹淡薄，学生书写时担心看不清楚，便用小手死死攥住笔杆，用力去刻写。“攥得过紧，用力过重”成了这一阶段学生汉字书写的主要方式。其后，他们又将这一方式直接运用于三年级以后的钢笔字书写。加之许多教师不懂得楷书、行楷书、行书的递进式教学训练方法，这就使铅笔字按压刻画方式，渐渐成为这些学生一种通行的书写方式。这种方式从小学延续到初中、高中、大学，最后成了一种常见的“主流”书写方式——棒棒体。

棒棒体，是采用一笔一画的拼凑方式来进行书写表达的。它使数千年汉字书写传承的“轻重缓急、流畅自然、劲健舒曼、各得其美”的节奏和韵律之美，变成了单一的笔画拼凑组合。于是，汉字流畅的书法美学，最

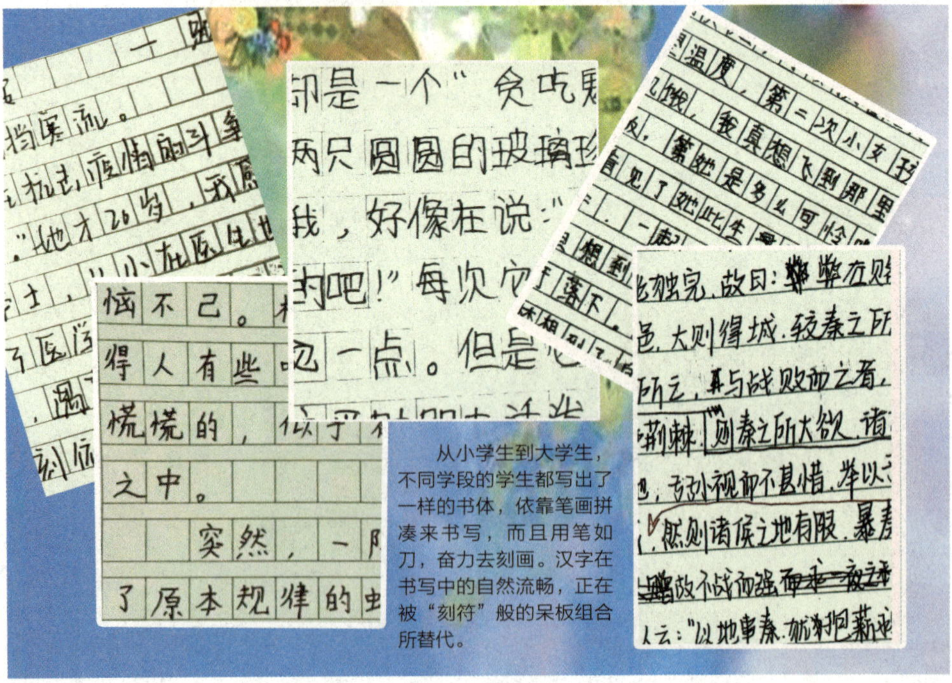

从小学生到大学生，不同学段的学生都写出了一样的书体，依靠笔画拼凑来书写，而且用笔如刀，奋力去刻画。汉字在书写中的自然流畅，正在被“刻符”般的呆板组合所替代。

图三　不同学段的学生用“刻画”方式书写的书体

终被僵直的线条刻画出来的棒棒体所替代。而且，这种书写方式正在成为越来越多的各学段的学生，甚至教师的“主流”书写方式。

由此形成了这样一个怪圈：错误的书写行为形成了不良书写行为习惯，不良书写行为习惯导致将汉字书写转化为拼凑式的“刻画”。同时，这不仅仅是汉字书写“美与不美”的问题，还在于更大的问题——不良书写习惯对未成年人身体健康的严重危害。

四、不良书写行为对未成年人健康的严重危害

使用硬笔类工具书写，最大的便利在于书写的方便自由，最大的问题也产生于书写的方便自由。因为这种“方便自由”，使很多人忽视了硬笔书写工具的使用方法，也忽视了汉字书写必要的规则和规矩。在随意的书写状态下，没有了基本的书写规则训练，没有了汉字书写的艺术要领，就连“执笔”的基本规则也被忽略了，于是匍匐书写、斜肩书写、侧头书写等千奇百怪的书写姿势得以流行。

不良书写行为大行其道，不仅影响到汉字书写的美观，而且对书写者，尤其是少年儿童的视力健康、颈腰椎健康造成严重伤害。

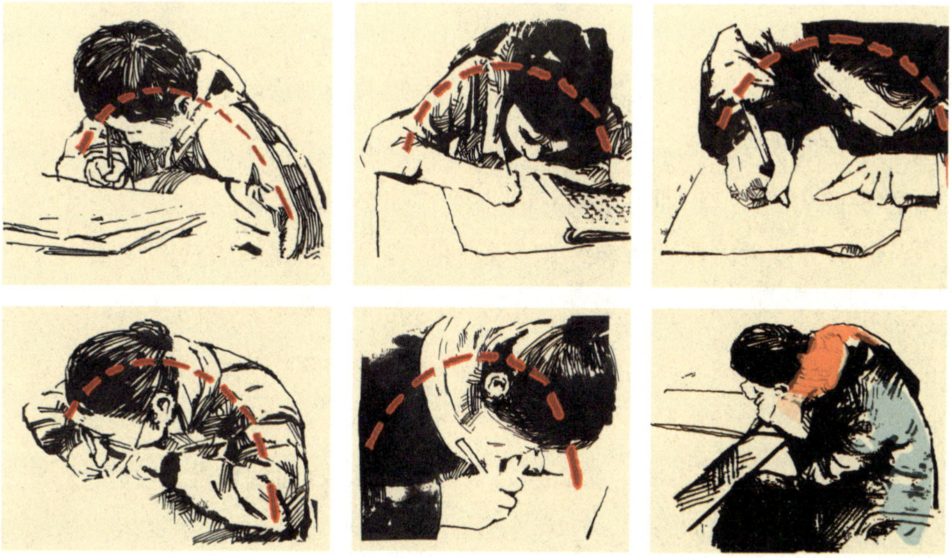

图四　千奇百怪的书写姿势

《预防科学》杂志一篇题为《儿童青少年脊椎侧弯的影响因素研究》的文章披露，脊柱侧弯已成为影响儿童健康的常见疾病，而青少年近视患病率更是长期居高不下，并呈低龄化趋势。

根据国家卫健委2021年公布的检测数据：19~22岁大学生的近视患病率高达83.84%。这其中有多少是长期以来受不良书写习惯影响而形成的，尚待科学的研究，但可以肯定的是，不良书写习惯是其中最为重要的原因之一。

良好的书写行为应始于书写行为的规范

一、正确的执笔和用笔是对中国书法重要的文化传承

1. 毛笔字书写注重执笔、用笔之法的训练

古代的儿童蒙学，又称为“训蒙”之学。

当时没有数理化，蒙学教学内容主要是由看书识字、朗读、作文，以及汉字书写构成的。那时的老师多是秀才贡生类的学究，被称为“塾师”。

古代的塾师们教授儿童书法，首先是教书写的规则和规矩，并由此形成了汉字的书写规范。尤其是唐代以后，所谓“千门万户，无不以唐楷为儿童习字的楷模”，即可见当时的儿童书写教育的盛况。

诚然，自古以来“临摹”就是我们学习书法的基本方法。但值得注意的是，这种“临摹”是在书法造诣深厚的老师指导下进行的，有的学生甚至还有非常良好的“家学渊源”，这就是当时的学生大都能写出一手好字最根本的原因。

有人以为“弄几本字帖，自己练练”就可以写好汉字。这种学习方式，仅仅是一种道听途说，一知半解的“假象”。单靠自主临摹，除极个别的人能够在揣摩中小有受益，绝大多数人成功的可能性极低。有的人临

摹书写时还因方法不当，误入歧途，使自己的书写陷入“恣肆妄为”的流弊之中。这也是现在钢笔字书写上的许许多多不良书写行为习惯产生的重要原因。

图五　古代儿童习字图

按照东晋王羲之的老师卫铄的话：“凡学书字，先学执笔。”因为毛笔字的“执笔”涉及指法、腕法、身法以及笔法的运用，所以执笔的规范，历来作为书法教育的根本。

古人之所以这样重视毛笔字书写的执笔法，首先是书写行为规范的要求。毛笔字的书写历来就有“书法即心法，心正则笔正”“不以规矩，不能成方圆”的提法。更重要的还在于，汉字是一种具有点画形态之美的文字，没有良好的笔法运用，不可能写出俊美文字来。所以，书圣王羲之的老师卫铄才会说：“凡学书字，先学执笔。”执笔正确与否，关系到毛笔字书写的“用笔”好坏。

南宋的陈思引用楷书之父钟繇的话：“岂知用笔而为佳也。故用笔者天也，流美者地也。非凡庸所知。”这句名言，在宗白华的《美学散步》中又被记载为：“笔迹者界也，流美者人也……见万象皆类之。”虽然词语上各有表达，但其意思是一致的：用笔之法是书法的根本，而书写流畅自然是书法最为重要的表现形式。没有用笔之法度，就没有流畅自然的书写，也就没有了书法之美。

2. 执笔、用笔得法，使中国书法充满无穷魅力

书法之法在于“用笔”，用笔的基础在于执笔。可以说：执笔之法就是汉字书写行为最为基础的规范。有了正确的执笔，才能通过控笔、运笔的练习，最终熟练地运用汉字书写的规则，写出优美的汉字。所以，元代赵孟頫认为“书法以用笔为上”。

初唐欧阳询《九成宫醴泉铭》

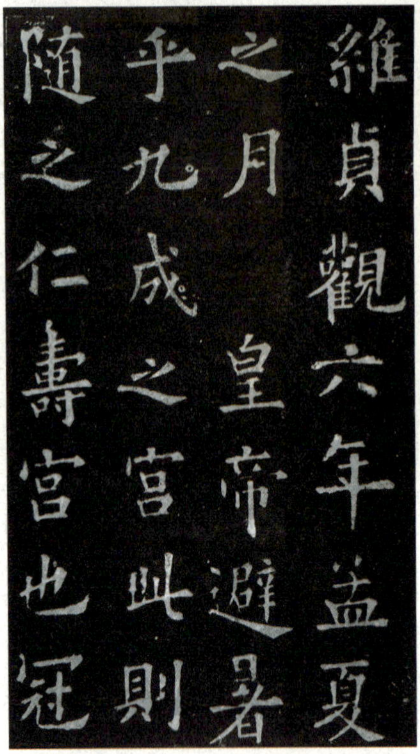

唐人尚法，始于唐太宗对于汉文字书写规则、规矩、规范的遵从。欧阳询的《九成宫醴泉铭》成为中国第一部国家规定的楷书书写的范帖。从此，有了楷书“法帖”的概念。

图六　唐太宗和欧体书法

唐太宗李世民是汉字规范书写的倡导者。他亲自撰写文章，论述执笔的重要，还创立了“五指执笔法”的书写行为规范。

五指执笔法，最为讲究“指实掌虚”，用手指的控笔运动来进行书写。通过仔细研究五指执笔法的指间运动，发现这是一种非常科学的，利用“运动力矩”的变化来进行书写的方式。清代书法家王澍感叹道：“五指相次，如螺之旋，紧捌密持，不通一缝，掌中空虚，可以握卵，此要法也。”

指实掌虚的执笔便于书写。同时，大字与小字的用笔方法又有不同。小字，即小楷文字的书写，“指实掌虚，腕不动”，而大字则须用运腕之力来进行挥洒。

中国书法美冠世界，独领风骚，成就了世界独一无二的“书法艺术”，并被著名美学家宗白华誉为“可以替代建筑在西方美术史中的地位，凭借它来窥探各个时代艺术的特征”。他认为最值得探讨的在于“用笔里的美学思想”：通过结构的疏密、点画的轻重、行笔的缓急，表现作者对形象的情感，抒发自己的意境，就像音乐艺术从自然界的群声里抽出纯洁的“乐音”来，发展这乐音间相互结合的规律；用强弱、高低、节奏、旋律等有规则的变化来表现自然、社会的形象和内心的情感。他感叹道：“用笔怎么能够变现出骨、肉、筋、血来，成为艺术境界呢？”所以中国人的这支笔，“动之以旋，润之以转，居之以旷，出如截，入如揭，能圆能方，能直能曲，能上能下，左右均齐，凹凸突兀，断截横斜”“这一画之笔迹，流出了万象之美”。这是一种极高的评价。

图七　古代毛笔五指执笔法示意图

由此，我想到了书圣王羲之的《用笔赋》：“藏骨抱筋，含文包质。没没汩汩，若蒙汜之落银钩；耀耀晞晞，状扶桑之挂朝日。或有飘遥骋巧，其若自然；包罗羽客，总括神仙。”他将书法用笔之美，比喻成扶摇直上的鹏翼，东方喷薄而出的太阳，宛如神仙馈赠给我们的礼物。

中国书法之美，在于它能通过书写表达出结构之美、点画之美、章句之美、篇章之美，这一切，都源于用笔。故清代书法家陈介祺叹息道：“用笔千古不易。”

可见，“用笔者天也”就是中国书法神韵所在，而执笔是笔法运用最为重要的基础。古人以执笔、用笔为中国书法书写的行为规范，从规则、规矩入手对儿童进行书法启蒙教育是极有道理的，同时也是极为成功的。

二、硬笔字的书写也应符合中国书法的教育传承

1. 钢笔源于欧洲的鹅毛笔

钢笔的出现，源于欧洲的鹅毛笔。

鹅毛笔很轻，笔头尖细单薄，所以在用笔上必须注重技巧。中古时期欧洲人的书写，无论是英语、德语还是法语，大都呈现出十分飘逸流畅的书体。这一点与钟繇提出的“故用笔者天也，流美者地也”的要求极为相似。如中世纪流行的英语中的花体字和歌德斜体字的书写，就颇有我们行草书的风格，自然而流畅，飘逸而灵动。要写出这样风格的文字，没有手指间的运动，只依赖于手腕的扭动，是不可能的。

对比鹅毛笔书写的执笔方法，可以看出，钢笔字的书写，也应同我们古代毛笔字小楷书写一样，是非常自然轻松的。只是由于执笔方法的错

鹅毛笔非常轻，而且书写时不能太用力，所以历来拉丁文字的书写都是非常流畅自然的。19世纪初，美国人发明了钢笔，书写起来更富有弹性，因此流畅圆润成了钢笔字书写的特色。

图八　鹅毛笔与花体字书写

误，许多人才不能轻轻松松地书写，而不得不采用刻画方式书写，把汉字写成了由笔画拼凑出来的“棒棒体”。

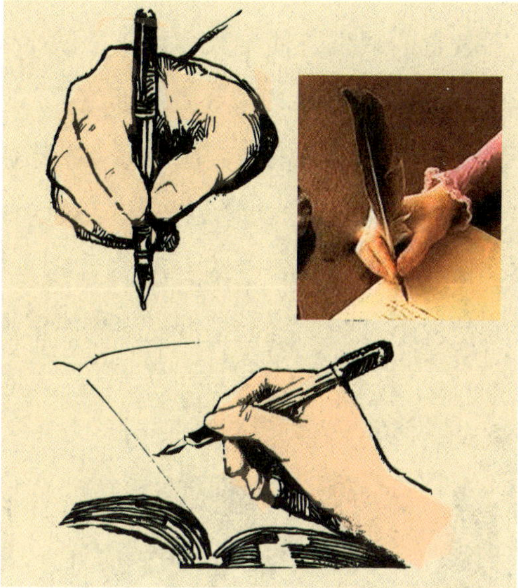

图九　鹅毛笔和钢笔执笔方式的对比图

2. 端正书写姿势不能仅仅成为一种表象

小学语文教育，历来非常重视书写的姿势。

大家都记得，从小写字时，老师们就不断警示：头抬起来，腰要挺直。还有大家熟悉的标准——三个一，即“眼睛距课本一尺，手指距笔尖一寸，身子距桌沿一拳”。这一标准要求，已经有了六十年的历史了。但为什么硬笔书写不良行为的问题，不仅没有得到解决，反而越发严重了？

因为许多人都将这“三个一”作为一个标准，认为只要有了这个标准，就符合于书写的规范了。其实，这种刻意做出来的“标准书写姿态”不过是一个“pose”而已，仅仅以此姿势来规范书写行为是解决不了问题的。这就像让儿童摆出一个标准的舞蹈动作——挺胸、仰头、手臂扬起，几分钟简单训练，便可形成这样一个姿态。但这并不意味着这个孩子就能舞蹈了。若要让他舞蹈起来，必须有一个非常重要的基本功训练过程。

而我们在教育学生书写时，往往以此作为标杆，好像有了这个姿态，书写的行为问题就解决了。而将应该下功夫去进行的书写规则和规矩训练全部省略或忽视掉了，最后使这一表象演化成了一种形式主义的假象，即在老师的要求下，所有同学都可以摆出标准的书写姿势出来。但三分钟后，同学们的书写姿势又恢复了原样。

小学生硬笔书写教育的缺失，使绝大多数孩子缺少了硬笔书写行为的规范训练，学生养成许许多多不良书写习惯就难免了。这会不会就是匍匐书写、斜肩书写、垂头耸肩书写等千奇百怪书写姿态形成的根本原因呢？

匍匐书写的状态，最为典型的执笔姿势是：双指扣笔如钳。攥笔太紧，笔位过低，都会造成书写者视线受阻，因而书写者不得不采取身体前趋，匍匐姿势书写，使视距过短。这也是近视眼病患形成的重要原因。

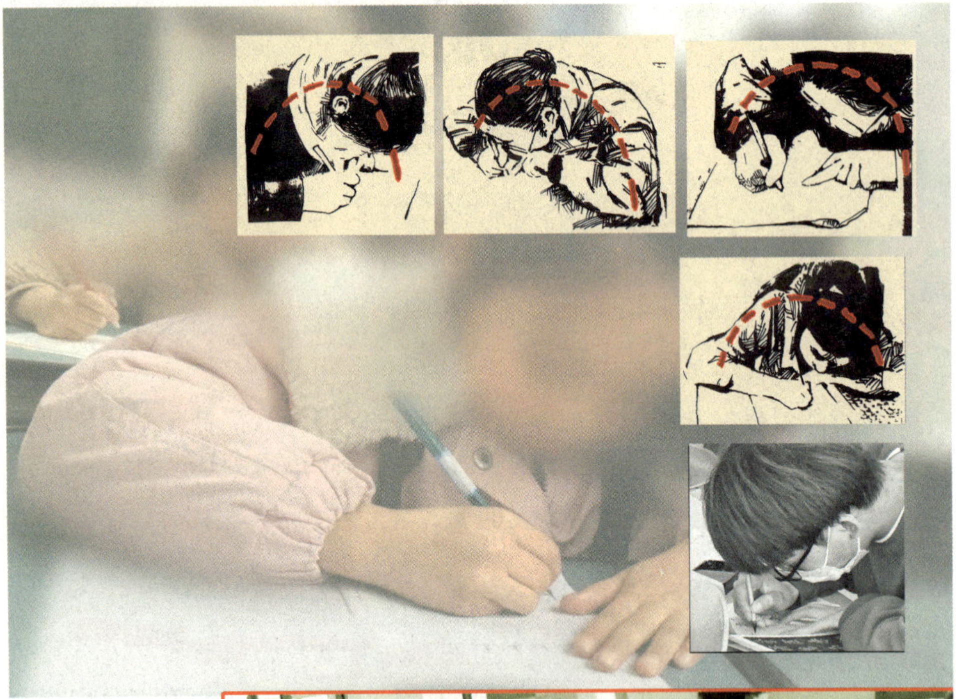

走进学校，你会发现许多学生都有匍匐书写的坏习惯。医学上认为扭曲和偏斜的坐姿，是造成脊柱侧弯、近视疾患的主要原因。

图十　匍匐书写

斜肩书写的典型姿态是：握笔采用抱拳凸指方式。因笔位太低遮挡视线，书写者不得不斜头斜肩。由于采用右肘支撑方式书写，所以书写者肩部右高左低，为颈腰椎侧弯、肩周炎、近视、斜视等病患埋下隐患。

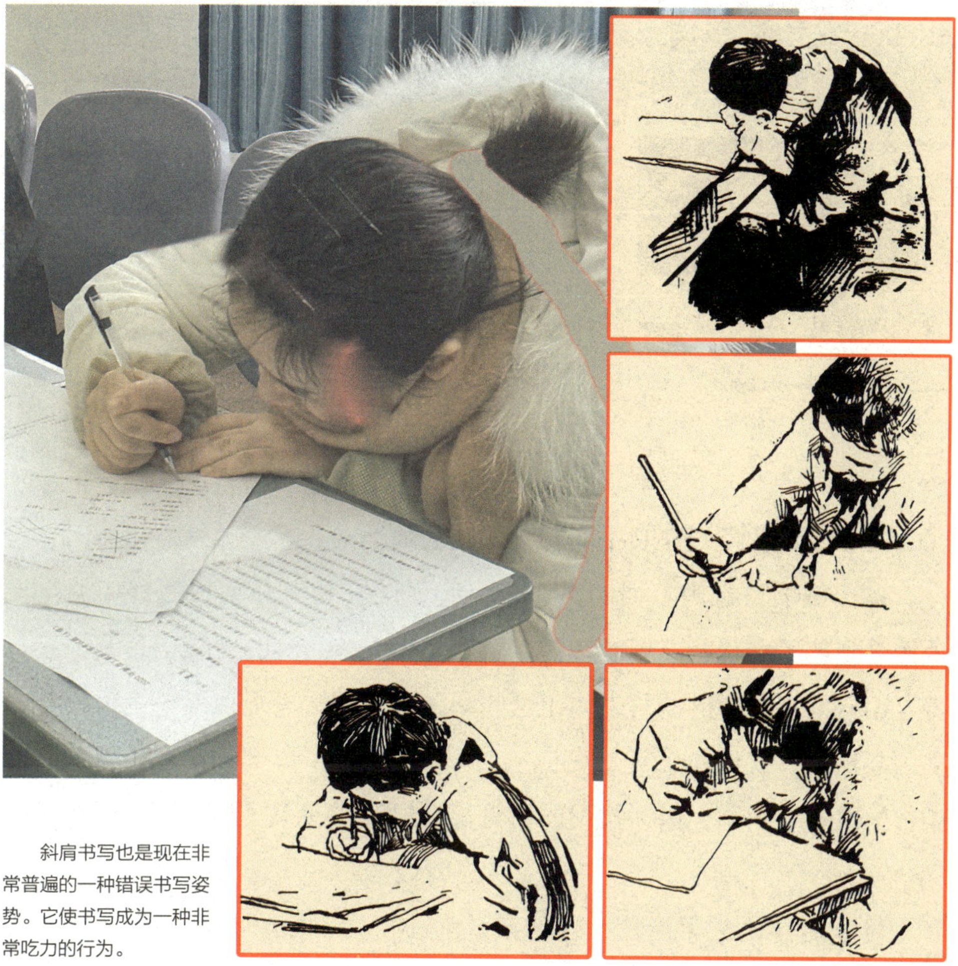

斜肩书写也是现在非常普遍的一种错误书写姿势。它使书写成为一种非常吃力的行为。

图十一　斜肩书写

垂头耸肩书写，也是一种十分普遍的书写姿态。它的形成原因很多，一般都与握笔姿势错误、笔位太低导致手指没有良好的控笔能力，以及从小养成的不良书写行为有关。垂头耸肩书写，主要出现在个子太高的学生身上，他们看不清楚字迹，只能勾首埋头，使头部颈部歪斜，随时使颈部处于紧张状态。这对儿童颈椎的健康发育有很大的坏处。

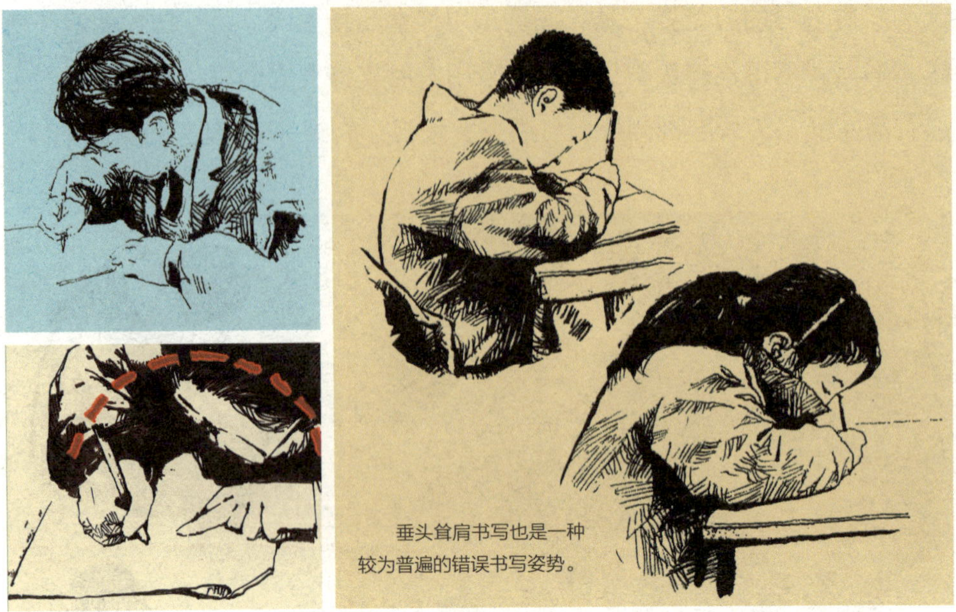

图十二　垂头耸肩书写

3. 错误的执笔是不良书写行为的主要成因

孩子们书写行为习惯的错误，引起了许多老师和家长的密切关注。他们看到孩子书写时出现的匍匐、斜肩、埋头等问题，便想了一些办法，甚至用一些强制性的器具来纠正这些问题。譬如：头上顶一个毛巾，背上支一条钢条，甚至在桌子上安装一个可以稳定孩子头部的钢架。但这些措施都解决不了问题，因为错误的书写行为根源不在书写的姿态，而在于执笔。

可以这样说，无论什么样的错误书写行为习惯，都有一个共同的特点：执笔姿势的错误。执笔的错误，最为突出的问题有三个。一是手指被锁死，不能运动，只能依靠手腕的蠕动来书写，这样的书写非常吃力；二是手指关节凸起，遮挡书写视线，使书写者只能偏头进行书写；三是握笔位置太低，致使书写的力矩关系被破坏，只能采用头部低垂的方式才能书写。

错误的握笔姿势，使钢笔字、铅笔字的书写从“指实掌虚，腕不动”的灵动方式，变为了“锁指扭腕”的僵直的刻画书写方式，由此形成了终身难以改变的不良书写行为习惯。

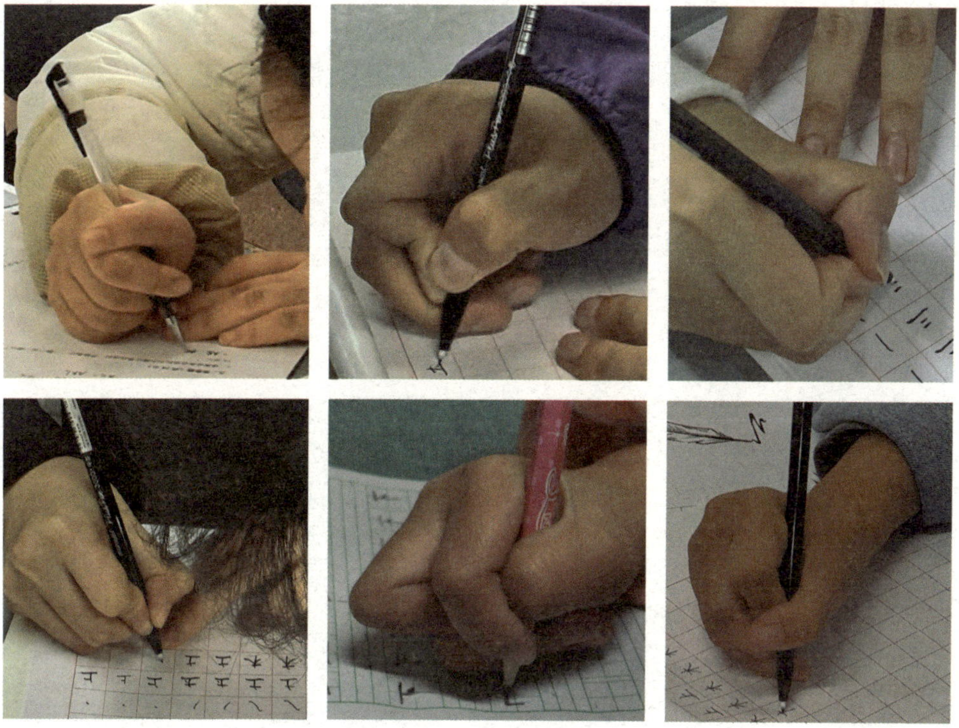

图十三　错误的握笔姿势使手指失去了运笔的能力

如果我们再深入一些去观察这个问题，就会发现这一问题的现实存在远比我们想象的更加严重。

清代书法家王澍在《翰墨指南》中指出，“运腕之法宜用于大字”“小字只宜运指”“五指柔和婉转，屈伸低昂左右无不如意”。古代的小字书写，类似于我们现在钢笔字的书写。以“指实掌虚腕不动”来对比中小学生们的执笔，你会发现他们大都是采用自己认为最方便的方式握笔，于是有了“手指僵死攥笔，指不能动，而通过手腕的蠕动”的刻写方式。这样的错误执笔方式大致有四类：钳式握笔、拳式攥笔、叠指包笔、虎口锁笔。

钳式握笔：大拇指与食指如钳子般紧紧捏住笔杆，使手指完全不能动作，依靠手腕的摆动来书写，同时凸起的指关节挡住视线，使书写者不得不偏头书写。

拳式攥笔：右手三指死死攥住笔杆，使手指完全丧失运笔的能力，完全依靠摇动拳头来书写。

叠指包笔：类似于拳式攥笔，不同的是用食指，甚至食指和中指一起将笔锁死在手中，不得不依靠手腕的蠕动来书写。

虎口锁笔：笔杆置于虎口处，使手指无法运笔，只能依靠扭动手腕进行书写，这是刻写刻画书写的主要成因。

硬笔书写的错误执笔方法，其共同的特点在于锁死手指，书写完全依

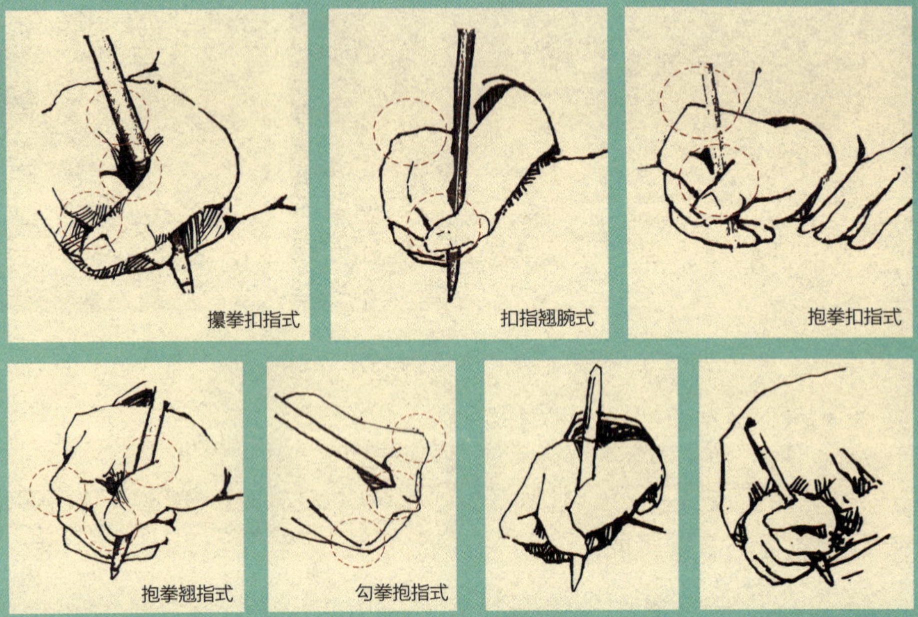

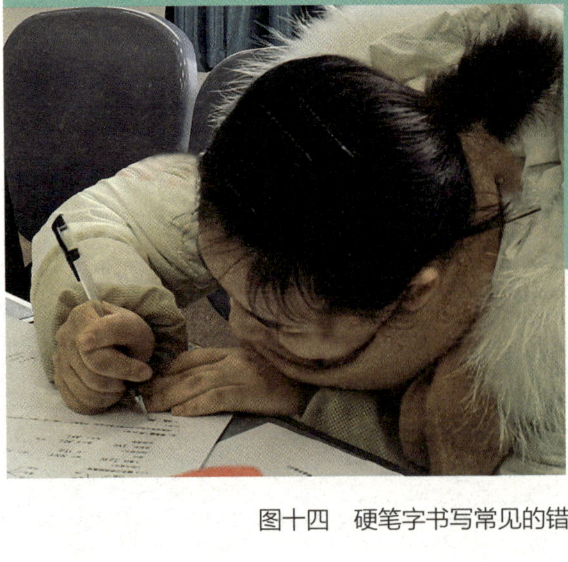

正是因为硬笔字书写过于简单方便，好像书写者用任何方式都可以进行书写。由此，这成为一种完全不需要规则和规矩，极为放任的书写行为。但错误的书写行为极大地伤害着书写者的视力健康，颈腰椎健康。这样的情况不容忽视。

图十四　硬笔字书写常见的错误执笔方式

靠手腕的摇动、摆动，甚至蠕动，这样的书写方式自然是一种极为艰难的行为，所以只能一笔一画地去拼凑，完全失去了“流畅自然，或劲健，或舒曼，或飞扬，或凝重”的书法之美。

执笔的错误，必然造成用笔的僵直。由此，汉字的书写变成了刻画，流畅俊美的汉字书法变成了一笔一画的拼凑。这与清人苏惇元“若指不能运管，则作大小字皆无生气，且作字又甚吃力”的论断极为相似，是一种极为典型的病态书写方式。

防患于未然——不良书写习惯的预防

如果从小学一年级开始，就坚持正确的、有利于健康的书写行为姿势来书写，便会养成一种良好的书写习惯。这样，健康的书写习惯就能伴随我们终身，使写好汉字成为一种可能。

正确的书写行为使孩子充满了积极向上的学习激情，而错误的书写习惯使孩子们埋着头、蜷缩为一团，丢失了书写和学习的快乐。

图十五　不要让孩子丢失了书写的快乐

现在能写出一手漂亮的汉字的人少之又少，许多人就认为：写不好字，是因为没有天赋。其实，这是一种错误的认识。汉字的书写，不管是软笔字（主要指毛笔字）还是硬笔字，仅仅是一种书写能力。

良好的书写，本身就是一种快乐。古人读书有三种读法：一是诵读，二是识读，三是手读。有种说法认为，手写一遍，胜过读书十遍，可见手读的重要性。

我们的学校教育，无论是小学还是中学，都属于基础教育，都是一种素养教育，书法作为中小学语文课程的一个教学内容，也是一门艺术素养课程。

中小学书法教育重在素养、重在书写行为的规范，至于孩子学习书法后，是否成为书法家，能否因此而进入书法艺术境界则是另外一回事了。这就像我们小学教授语文课程、数学课程，与是否能够培养出作家、数学家的关系不大，是一样的。

第二章 正姿与正笔

——儿童良好书写习惯的养成

颜真卿楷书

正姿、正笔——硬笔字书写的基本规则和规矩

一、儿童书写入门教育不可忽视

元代书法家、书法教育家释溥光说：“凡学文，学字，与夫百家艺术之流，莫不有规矩尔。”不以规矩，不能成方圆。

楷书的出现，很大程度上就是为汉字的书写确立了一个标准，所以在史学上被称为“正书”“真书”。自唐代以后，人们均以楷书规则作为儿童汉字书写教育入门的规范规则。

唐太宗李世民是汉文字书写规则、规范最为有力的推手。

图十六　钟繇《贺捷表》碑刻

自唐以后，一直到清末，家家户户，凡幼儿习字，大多都从欧阳询的《九成宫醴泉铭》、颜真卿的《多宝塔碑》、柳公权的《玄秘塔碑》、赵孟頫的《胆巴碑》入手，学习汉字书写结构的规矩，学习汉字笔画横平竖直的谨严。所以这四个书帖又被称为“法书”，即书写规则和规矩的标准。

古代儿童学习毛笔字楷书，不仅仅是学习写字，更重要的是学习对于书写规则和规矩的尊崇。他们要先从执笔、用墨、身法、指法、腕法、汉

字点画形态的表达、用笔的技巧等学起，然后才是临摹书写。

由此，清代翁方纲在《复初斋文集》中认为，儿童楷书书写的训练是“规矩方圆之至者矣”。

现在不同了，大家认为使用铅笔、钢笔书写，不需要这么多讲究，于是儿童的识字写字，便直截了当地从书写一些简单的汉字入手，以“天地人”“金木水火土”等作为儿童书写的伊始。这种方式显而易见是十分错误的，因为书写工具的改变，不能等同于汉字书写的艺术要领的改变，更不能等同于汉字的结构方式的改变。汉字还是汉字，它的点画形态还是横竖撇捺点折提钩；用笔方法没有变，长横短横、直钩斜钩、悬针垂露、长撇短撇，依然与过去一样。语文课本上的楷书，虽然不能归属于过去的“欧颜柳赵”，但它依然属于楷书，它的形态依然还是保留了汉字书写中的许多格调，如横画的微微向右上斜，撇画、捺画有明显的波折等，只是从名家手写体改为了“印刷体”而已。我将其归类为“标准楷书”，以区别于历史上的“欧颜柳赵”，也区别于明代由沈周楷书演化而成的馆阁体。

既然汉字书写的点画形态、结构方式，甚至于书写笔法都没有大的改变，为何要省略掉数千年代代薪火相传的汉字书写入门教育，直接进入“单字”模仿的书写训练？也许，人们会以为“汉字书写不就是写字吗”，不必小题大做。至于书写的姿势，我们不是也在强调，孩子们要坐端正，书写时要眼睛距离桌面一尺，手指距笔尖一寸，胸口距桌沿一拳吗？

其实，如果只是将这“三个一”作为书写姿势正确与否的标准，是十分错误的。这就像我们学习小提琴，摆好一个拉琴的姿势，不等于就完成基础训练一样。小提琴的基础训练涉及弓法、指法、音阶的练习，涉及乐理和反复练习各种练习曲。汉字的书写也一样，它的基础训练在于执笔、控笔，在于点画形态的准确表达，没有这些基本训练，就不可能形成儿童在汉字书写上的行为规范，也不可能培育儿童的书写行为能力认知和书写表达能力。浑浑噩噩，依样画葫芦，自然难免，甚至画虎不成反类犬，不得不采用笔画拼凑的方式将汉字写成棒棒体。而且，在这种随意的，不受任何约束的书写状态中，也将自己的不良书写行为习惯化，形成终身不能改变的恶习。

中国书法是一个系统的美学体系，也是一个庞大的文化体系。但它的切入点就在于汉字书写的艺术要领。

书法，在书学上大致分为笔法、字法、章法、墨法四大要素。仅就笔法而论，就可分为执笔、控笔、运笔、用笔四类。其中最为复杂的在于用笔。因为书体的不同，有真行草隶篆多样化的用笔方式，同时还有气、韵、神、势不同的表达意念，所以东晋时期卫铄在《笔阵图》中说："夫三端之妙，莫先乎用笔。"即不懂得用笔，其他均无从说起。而现代人采用硬笔进行的应用性书写，尤其是儿童的硬笔字楷书的规范书写，则更在于执笔、控笔、运笔的能力。大道至简，我们将儿童的书写入门教育分为三类：正姿、正笔、正字。

正姿，即执笔法、身法训练，让孩子们的书写符合书写的规则规矩。

正笔，即控笔能力训练，让孩子们的手指具有运笔的基本能力。

正字，即通过楷书的书写练习，学习汉字的点画形态表达方式。

我很赞同张碧海——成都一位小学校长的说法：正姿是一种表象，要完成儿童书写行为的训练，执笔、控笔才是关键，而正字是我们的最终目标的实现。

汉字的硬笔书写，是通过线条的组合来进行书写表达的。直线、斜线、弧线、曲线的运用是最为基本的技法，没有这些技法的练习，不仅写不出好看的楷书，更不可能书写行书了。所以我们主张将这些认知融合在控笔、运笔的训练过程中，循序渐进地培养儿童的书写行为认知的能力。

其实，我们现在的硬笔字书写，非常类似于古代的毛笔小字书写。古代的毛笔小字书写是当时应用书写的主流方式，它是人们日常最普遍的书写行为。毛笔小字书法不仅有楷书、行书、草书，还可以用隶篆。毛笔小字书写在执笔、控笔、运笔方法上都与毛笔大字书写有区别。清代书法家王澍在《翰墨指南》中谈到毛笔大字书写和毛笔小字书写用笔时认为："故运腕之法宜用于大字""小字只宜运指""五指柔和婉转，屈伸低昂左右无不如意"。而苏惇元也认为用毛笔书写小字"执笔须用力，尤须指能运动笔管，若指不能运管，则作大小字皆无生气，且作字又甚吃力"。

显而易见，书写小字，“若指不能运管”就不可能完成书写。这就是执笔方法的错误，使书写者不得不采用手腕的蠕动来书写硬笔字，最终形成了棒棒体。

二、铅笔字书写不得要领，影响儿童书写行为的规范

儿童硬笔书写的入门训练，首先是通过铅笔字的书写，让儿童掌握正确的执笔方法。在汉字书写行为的规范练习中，执笔为第一要素。清代的段玉裁在《述笔法》文中说：“书法之不及古人者，无古人之胸中，又不得古人执笔之法也。”他认为执笔法对于汉字书写，属于首先应予关注的问题。这一点与东晋时期书法教育家卫铄是一致的。卫铄认为：“凡学书字，先学执笔。”

而唐代著名书学家，著名书学名著《书断》的作者张怀瓘，甚至将执笔的正确与错误，作为书法成败的关键。他在《六体书论》中说道：“笔在指端则掌虚，运动适意，腾跃顿挫，生气在焉；笔居半则掌实，如枢不转，掣岂自由，转运旋回，乃成棱角。笔既死矣，宁望字之生动。”

古人这些论述，其实就是一个意思：汉字书写，重在执笔。首先进行执笔的练习是汉字书法的最为基础的认知，不以此为书写的入门教育，会导致执笔的错误，使孩子们的书写永远不得要领。也就是说，正确的书写行为习惯，使汉字的书写成为一种轻松自然的行为，就像喜欢舞蹈和歌唱的孩子跳舞和唱歌，充满了欢乐与自信一样。而错误的书写行为，无论是匍匐书写，还是斜肩书写都让孩子缩成一团，书写成了一种异常艰难的行为。

中小学生硬笔字的书写，大致分为用铅笔、钢笔、中性笔（签字笔）三种。这三种的书写方法不尽一致，但在执笔上的要求是一样的，不同之处在于用笔的方法。铅笔字书写是这三种书写方式中最为重要的环节，可以说，铅笔字写好了，改用钢笔或其他任何硬笔书写，只需一个转化的练习过程即可。反之，铅笔字书写的训练不当，就是儿童不良书写行为习惯的根源所在，不仅极大地影响钢笔字和其他硬笔字的书写，而且使儿童错过了良好书写行为习惯养成的最佳时期，为今后不良书写习惯的矫正带来

许多的困难。

其实，我们使用铅笔字书写，大都仅限于一二年级的楷书书写，铅笔字书写为什么会产生如此大的影响力呢？这是因为我们在铅笔字书写阶段，就基本完成了汉字书写的行为规范训练，同时在汉字的点画形态表达、单字造型、结构组合等方面完成了基本训练。试想，如果这些训练是错误的，当然会严重影响孩子今后的汉字书写行为能力的提升，甚至直接阻碍了他们在楷书、行书书写方面的能力的形成。这就如学习小提琴，若指导上犯了指法弓法的错误、听觉行为认知能力的错误，你还

正确的书写姿势使书写成为一种轻松自然的行为，昂首挺胸，充满了学习自信。而错误的书写姿势，无论是匍匐书写，还是斜肩书写都是将自己蜷缩在一团，书写成了一种异常艰难的行为。

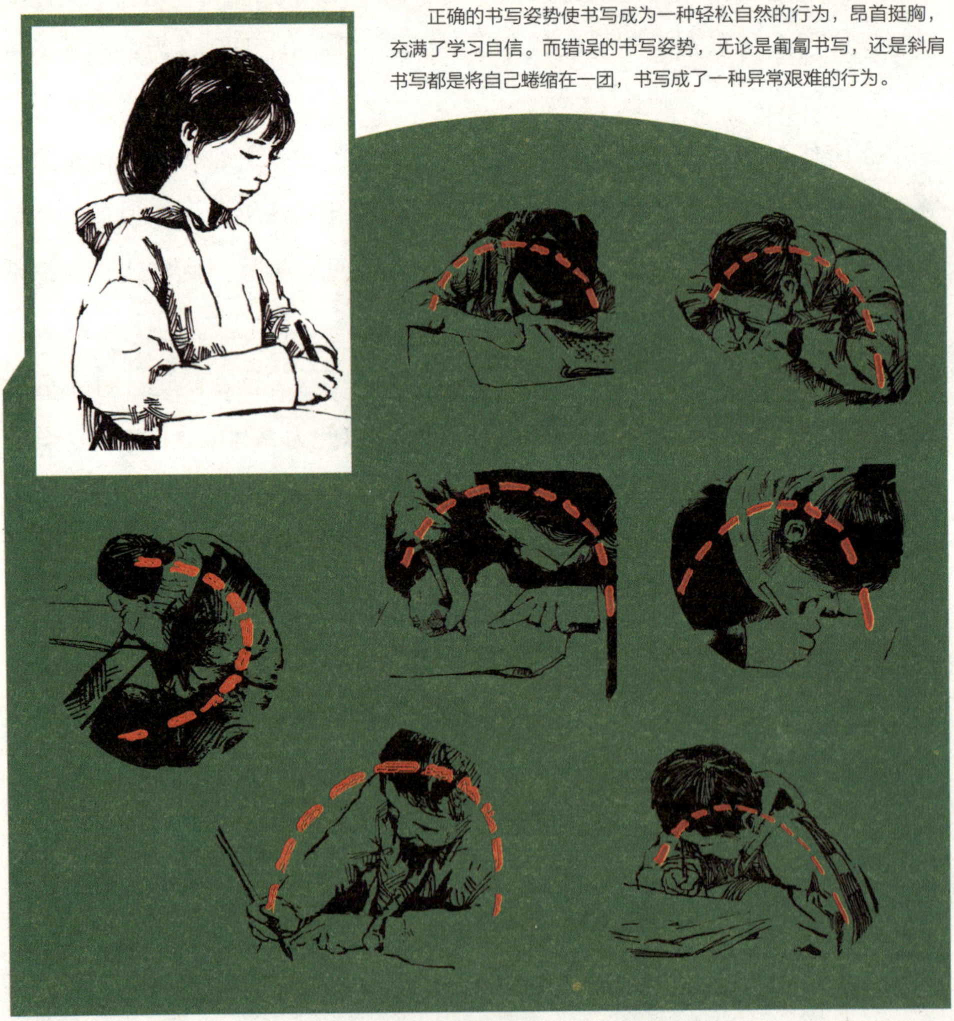

图十七　正确与错误书写姿势的比较

能指望他在不懂音阶、音值、音量、音色的情况下，继续学习小提琴的演奏技法吗?

铅笔字书写教育的重要性，还在于它是硬笔书写中唯一可以真切体验用笔轻重，形成不同书写笔迹的用笔训练程序。也就是说，铅笔具有一定的“浓淡、厚薄、深浅”的表现力，而其他硬笔，无论是钢笔还是中性笔，都只有通过粗细来表达轻重。所以，写好铅笔字后，写其他硬笔字只需要转化一下即可，而写不好铅笔字，学习其他硬笔字书写就要困难得多。

同时，小学一二年级的学生，就像一张白纸，可以被画上最好最美的图画，他们没有不良书写习惯的困扰，也没有受到棒棒体的影响，只要有良好的书写教育的引导，养成良好的书写行为习惯、写好汉字，就只是一个时间问题了。这就像在正确的良好的教学指导下学习小提琴的孩子，即使将来成不了名家，但至少可以达到一定的专业水平，不至于被归于“杂家”之列。

三、硬笔字书写入门教学要领

无论是铅笔、钢笔还是签字笔，都属于硬笔书写的工具，所以它们在书写的常规训练上都是一致的。

1.硬笔字书写的身法

硬笔字书写，无论你采用什么样的硬笔书写工具，书写时的身法都是一样的。

书写坐姿，有四大要素：头正、肩平、腰直、脚安。

头正，在书写时，头部只能微微向前倾斜，而不能垂下去。在书写教学上有个要求——眼睛距离书本或作业本要保持一尺的视距。一尺约是33厘米，这是一个基本量。对于个头较高的学生或成人，书写视距还可以再远一点。

肩平，书写时的肩平，有助于保护儿童的脊柱，避免脊柱侧弯的病患。肩平有两种方式，一是个子较高的孩子可以采用双肘上桌的方式，个

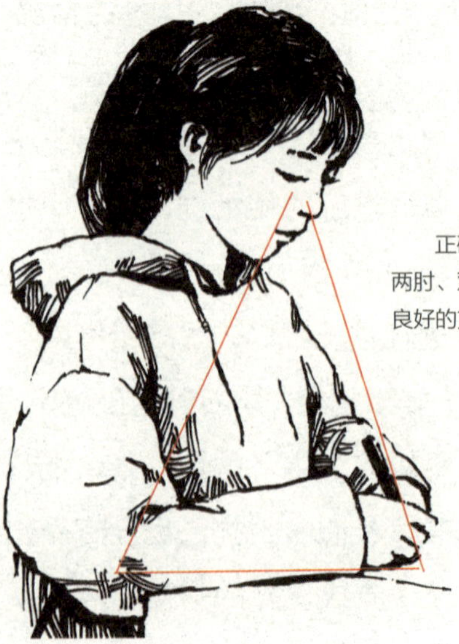

图十八　硬笔字书写的身法

子较矮的孩子则采用双臂前端靠桌沿的方式。这两种方式虽然都会不同程度影响“胸部距桌沿一拳”的教学要求的达成，但这样更利于孩子坐姿的持久稳定。教学应该要因人而异，如果强行要求“一拳距离”，高个子的学生会因此而出现垂头书写的情况。

腰直，对于儿童书写尤为重要。孩子们的书写规范意识不强，会感到弯腰书写比较轻松，尤其是对于个子较高的，或者对课桌椅高度不适的人而言，这个问题更为突出。如果老师不管具体情况，强行要求学生“胸口距桌沿一拳距离”，也会使高个子学生弓腰书写，导致后来出现垂头耸肩现象。同时，我们在教学实验中发现，不顾不同身高学生对于课桌椅高度的不同要求及适应性，也会直接或间接影响到学生书写时腰部的弯曲。

脚安，是一个比较容易被忽视的书写行为问题。小学的课桌椅大都可以升降，但多数班级并没有按照学生的身高来调整课桌椅的高度。高个子分到矮桌椅，矮个子分到高桌椅，都会影响学生脚的安放。书写时，脚部不适，会使学生不断改变书写姿势，这样也会影响书写行为的规范。我们的建议是，可以采用踏脚凳，协调安放学生的脚，使他们不会因为脚的悬空或折弯而不停地扭动，并因此影响书写姿势的稳定性。

图十九　硬笔字书写课桌椅高度的调整，采用踏板使不同身高的学生脚可以舒适摆放

要保持住坐姿上的头正、肩平、腰直、脚安四个动作，不是件容易的事，尤其是要长期坚持，更难。在课题的实验中，我们发现孩子们硬笔书写姿势的保持，与这三个原因密切关联：一是正确的硬笔书写的执笔法，二是教师对于书写行为规范的教学引导能力，三是家长有效地配合。因为并不是每一个家庭都有适合孩子书写的桌椅，让孩子使用任意一个小桌，甚至在茶几旁让孩子们蹲着、蜷曲着书写的情况不在少数，这些都很容易对孩子书写习惯产生不良的影响。

2. 硬笔书写的执笔方法

任何错误的书写姿势，均与错误的执笔方式相关联。换一句话说：有了正确的书写执笔法，正确的书写姿势才可能得以保持，良好的书写行为习惯才能得以形成；反之，则不然。

因为错误的执笔必然会产生这样四个问题：一是指关节凸起，遮挡视线，造成斜肩或埋头书写；二是错误的拳式或叠指攥笔，书写会异常费力，会造成匍匐书写；三是因笔杆被虎口锁死，手指失去书写运动的能力，于是孩子只能采用手腕蠕动的方式进行刻画；四是错误的执笔，造成视距的缩短、视线的阻隔，使书写姿势难以保持。

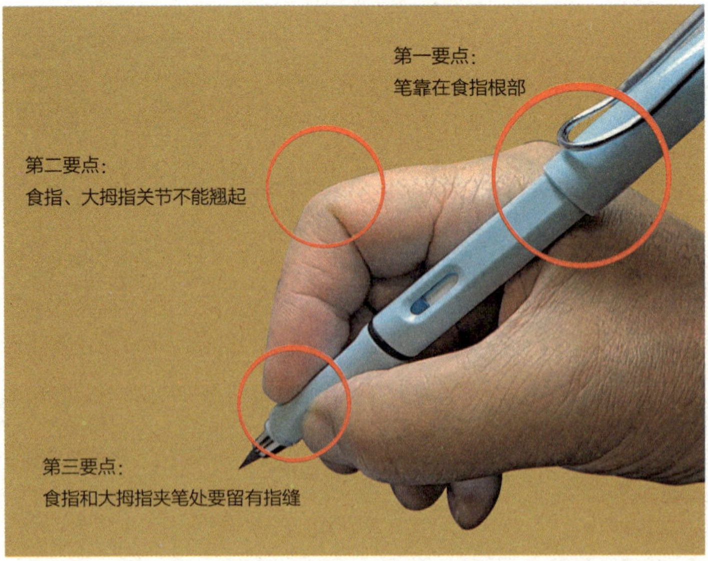

图二十　硬笔字书写的执笔

图二十有三个红色的圆圈，分别指向：笔夹、笔靠、指关节状态。该图由此指出了硬笔书写执笔的三个要点：手指夹笔处的指缝、笔杆依靠的位置、手指运动力矩。

良好的执笔，使我们的书写相互协调，能够运动自如。正如清人王澍在《翰墨指南》中提到："笔在指端则掌虚，运动适意，有腾跃跌宕之势，生意出焉。"

笔夹，硬笔字书写采用大拇指、食指、中指三指夹笔的方式。其中第三指在笔的下端，大拇指和食指在上面，由此构成三点的夹角支撑。由于三角形具有良好的稳定性和可变力矩，因此书写变得异常轻松。而食指和拇指间的指缝，是双指轻轻地捻住笔端形成的，是"指实掌虚"的一种体现，它对于改正拇指和食指重叠、拳头包裹攥笔等执笔错误姿势，具有重要的作用。

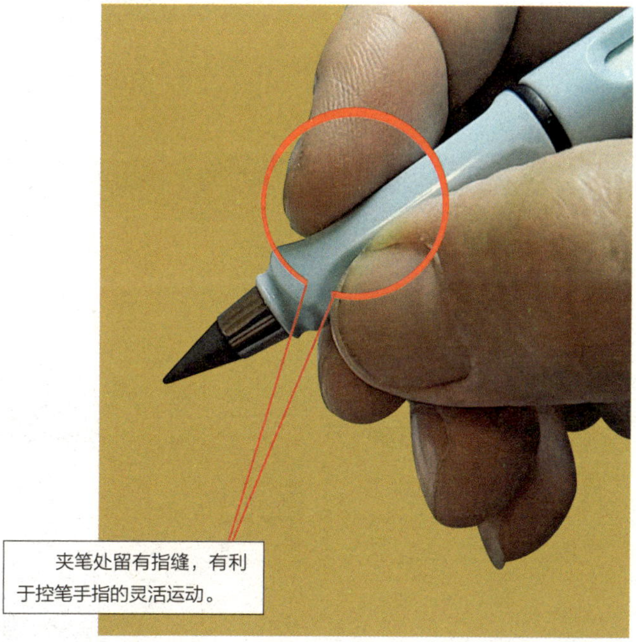

图二十一　拇指食指执笔，中间应留有指缝

笔靠，是指笔杆依靠的位置。这也不是一个新的概念，古人采用五指执笔，就由"夹、押、格、靠"四个力量来形成手指间运动的发力方式。钢笔书写夹笔只用了三个手指，于是将笔靠移到食指根部与指节之间的位

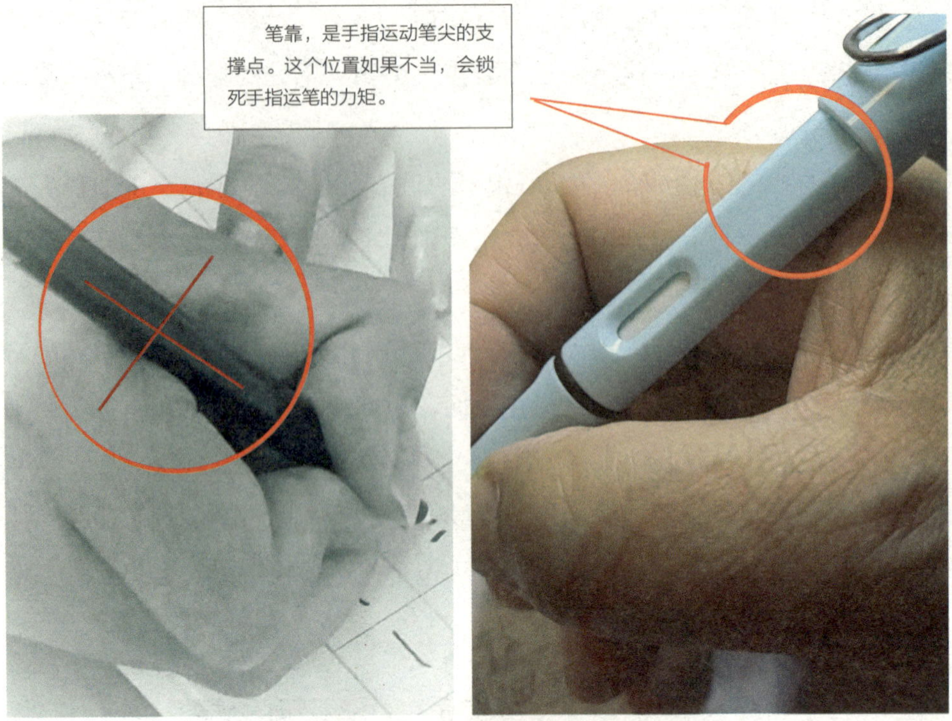

图二十二　笔靠的正确位置

置上。而现在许多人的笔靠都在虎口处，这样笔杆就被锁死了，手指的运动功能尽失，书写运动只能依靠手腕的蠕动来完成。这是一个比较普遍的错误执笔方式。同时，虎口靠笔，还会导致大拇指和食指关节的严重凸出，极大地阻碍书写者的视线，这是出现斜肩书写、垂头耸肩书写的重要原因。

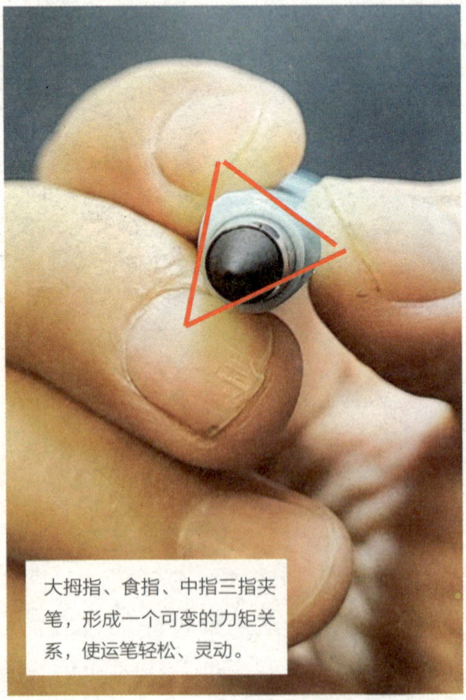

图二十三　执笔指间力矩的形成

手指运动力矩，是指通过正确的执笔，形成良好的书写运动能力。清人王澍在《翰墨指南》中说："五指相次，如螺之旋，紧搦密持，不通一缝，掌中空虚，可以握卵。此要法也。”这说法虽然是指毛笔书写运动方式，但硬笔书写也同样如此。因为硬笔的书写也是五指聚合捻住笔杆，作螺旋状运动，可以将手指运笔的力量聚集在一起，形成较好的控笔能力。

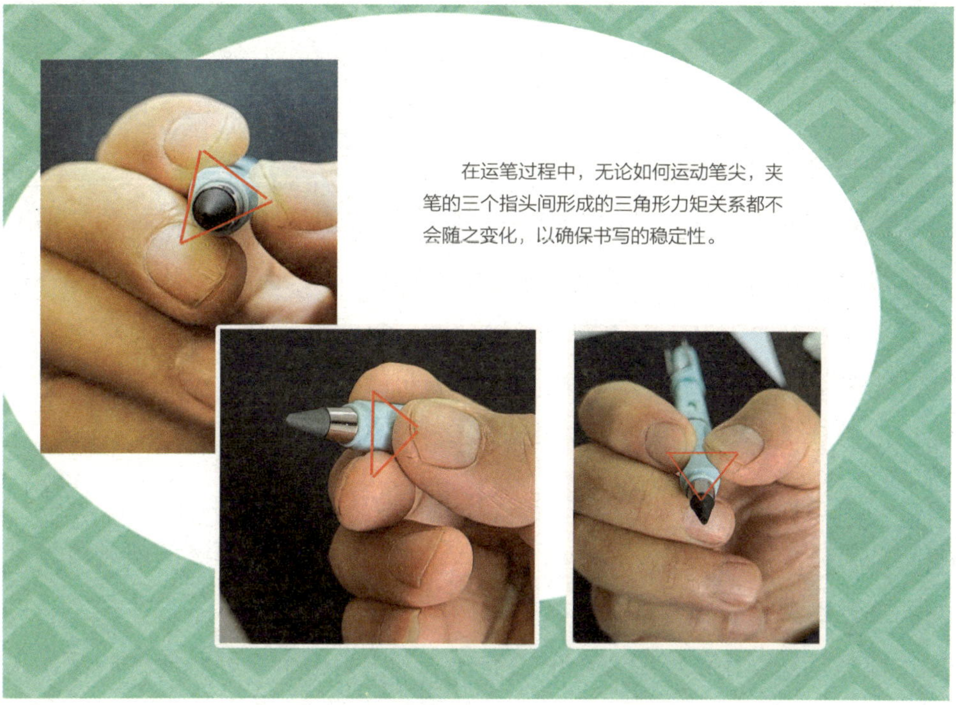

图二十四　硬笔书写执笔形成的运动力矩

3. 硬笔字书写的控笔

控笔和运笔，都是指手指运动笔尖书写的能力。它们的区别是，控笔是一种有意识的线条勾画能力，而运笔是规则性很强的汉字书写的用笔技能。也就是说：控笔只是手指对笔的掌控能力练习，而运笔则是指按照书写要求进行书写的能力。

我们学习控笔，一是因为儿童学习书写需要练习手指的运动能力，这是一种书写行为规范的基本训练方式，相当于小提琴的弓法指法练习；二是进行手指运动练习，实际上就是一种矫正不良书写习惯的练习方式。由此可见，控笔虽然只是一种训练手指灵活运动的方式，但它又影响汉字书写，尤其影响运笔的书写能力发挥。因为控笔能力的强弱，将直接影响着运笔技巧的发挥。这与毛笔字书写是一致的，没有强大的控笔能力，书写时运笔技巧就不能得到良好的发挥。

小学生学习汉字书写，依托控笔能力的训练来学习运笔，可以感知用笔的轻重，感知笔迹浓淡和粗细的变化，同时也有了对直线、斜线、弧线、曲线的感性认知。控笔的认知体验，对于他们今后的汉字书写具有极为重要的意义。

4. 硬笔字书写的运笔

运笔和用笔归于同类，但用笔是一个很大的认知体系，而运笔则指向较为单一和明确，如运笔有基础笔法、笔程方式、笔锋运用三个基本组成部分。但又因为书体的不同，运笔分为楷书运笔、行书运笔、草书运笔等，不同书体的运笔各有不同，这实际上也就属于“用笔法”的范畴了。所以，运笔是毛笔字用笔中最为基础的部分，但它又不等同于用笔法。

古人对用笔法的研究，还远远不止运笔这种基本技艺，更多的还在于一些极具个性表达力、特殊的用笔法技巧，由此使用笔法的内涵更加丰富。如东汉蔡邕在《九势》一文中提出了“转笔、藏锋、藏头、护尾、疾势、掠笔”，唐代张怀瓘在《论用笔十法》中提出十二种隐笔法，清代人邹方锷在《论书十则》中有“用笔五病五善”之论，等等。

对于硬笔书写而言，运笔就等于用笔法。因为它仅仅是一种应用书写技能，加之硬笔也没有毛笔那样强大的表现力，所以懂得硬笔书写运笔的人，就是硬笔书写行家。同时，在实际应用中，我们还可以根据硬笔书写的特点，对毛笔字书法的运笔技法进行省略和改造，使它更符合硬笔字的书写。譬如毛笔字的基本笔法由“提、按、转、折、顿、挫”等组成，硬笔只需要“提、按、转、折”即可。又如“笔锋技法”，毛笔有出锋、藏锋、中锋、侧锋、顿锋等技法，硬笔字书写有出锋、藏锋即可。凡此种种，不一而足，可见在运笔、用笔上，硬笔书写要简单得多。

硬笔字的楷书书写，基本可以用六个词语表达出来：直不能斜，圆不能方，长短相宜，粗细相间，疏密得当，轻重自如。当然，这六个词语从表达上看虽然简单，但要熟练掌握，就绝非一日之功了。如果我们能够充分利用好小学一二年级铅笔字的书写练习阶段，解决好控笔运笔问题，则事半功倍，这对于今后的钢笔字书写具有非常积极的意义。所以，我们将运笔的训练教学，放在正字的范畴，在第四章、第五章、第六章，分三个正字卷进行训练法和教学法的解析。在这些篇目中，我们也会涉及硬笔行楷书、行书的一些运笔方法。

硬笔书写的控笔训练方法

控笔的训练，我们分为两个部分。第一部分是用于儿童铅笔字书写入门的部分，它的作用在于同执笔法、身法的训练一起，让儿童使用铅笔进行一些能够让手指灵活运转起来的练习，它主要用于不良书写习惯的预防。这部分训练主要是通过不规则曲线的往复回旋运动和直线、斜线、弧线的勾画，使手指的运动得到练习和强化。第二部分是用于不良书写习惯矫正的规则性控笔能力的练习。因为小学一二年级的铅笔字书写可以不涉及这方面内容的习练，所以我们将其放在《第三章　不良书写习惯的矫正》中描述。

儿童硬笔书写的控笔训练的具体要求是：在正确的坐姿、执笔的情况下，采用三种不同硬度的铅笔，按照范本的线条进行摹画和临画。摹画时使用铅笔，根据书上提供的线条形态范图进行覆盖型描画，写完后用橡皮擦掉继续描画，或者采用硫酸纸盖在上面描画，如此不断反复，尤其是小学一年级学生，更要多次地描摹。临画是用另外一张白纸，仿照范图进行自主描画。在练习中，无论是摹画，还是临画，都不必讲究勾画的线条一定要与范本一致，而需要讲究：一是手腕不能动，要运动手指来描画；二是要有轻重、疏密、粗细、大小的书写表达；三是要有一定的速度感，线条的表达要流畅自然。

控笔能力，就是要引导儿童掌握通过手指运动来书写线条的能力，同时让他们能够形成初步的书写行为认知，达到指实掌虚腕不动的轻松书写感。

不规则图形和线条的控笔训练，也应有分步的训练和一定的要求，第一步要做到手腕不能动，要运动手指来描画；第二步要做到笔下有轻重、疏密、粗细、大小的书写表达；第三步要达到有一定的速度感，线条的表达要流畅自然。

一、通过不规则的曲线运动方式来训练

采用不规则的曲线做回环性运动练习，可以提升儿童手指基本运动技能。铅笔书写、钢笔书写都需要一定的线条表达能力。而曲线的运动，最能增强手指运动的灵活性。这种运动有上下、左右、环绕三种方式，还有顺时针和逆时针两种运动形态。

我们在学习素描绘画时，第一课也是进行执笔和控笔的练习。

不同硬度的铅笔有不同的线条书写表达能力（参考图三十三）。素描绘画课程中，学生需要根据素描绘画时不同的需要，选择使用不同硬度的铅笔去绘画表达。我们铅笔字书写，大都选用普通的HB硬度的铅笔书写。这种铅笔硬度适中，在较硬并粗糙的纸面上书写是比较好的，但因为笔迹浅薄，再加上孩子们没有经过必要的控笔能力训练，所以书写出来的字迹就不容易看清楚。孩子们可能会因此而用力去书写，由此养成了用力刻画的书写方式。

同时，木杆铅笔笔杆过细，容易让孩子们在用力书写时将手指蜷缩在一起发力，从而形成不良书写行为。

一般情况下，儿童控笔能力的训练，可采用2B、B、HB三种铅笔交互的方式，练习各种的线条组合，儿童对不同硬度的铅笔书写有一定的身体

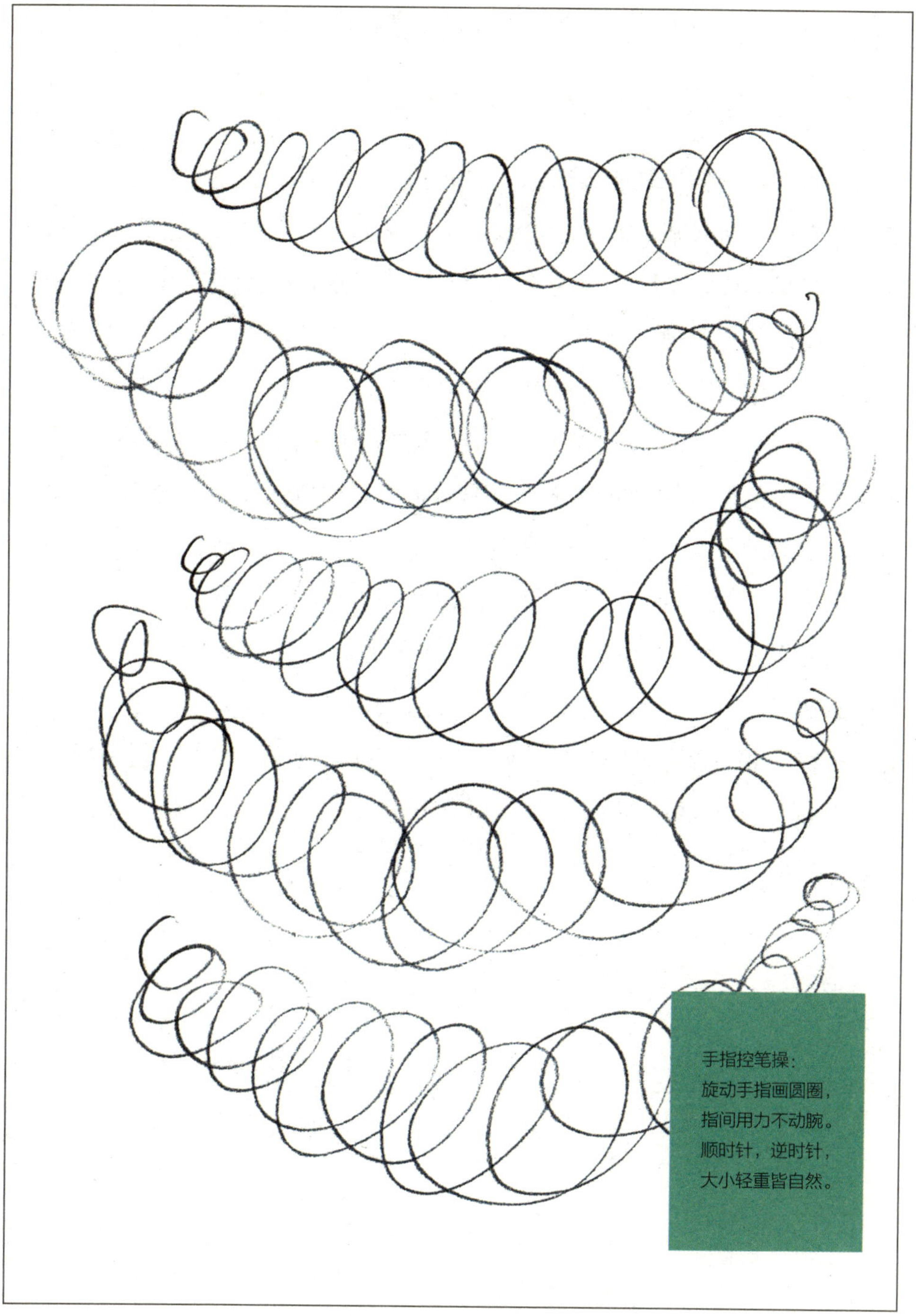

图二十五　不规则曲线的练习图

力行的感悟，由此产生一种健康的书写运动的良好学习体验。

二、通过不规则的直线、斜线运动方式来训练

不规则曲线的控笔能力训练，需要相当一段时间的连续练习，才能够使手指变得灵活起来，而不是通过一两节课程就可以完成的。但在实际的教学过程中，许多学生会因为这一动作的不断重复而出现烦躁情绪，所以我们又设计了“不规则直线、斜线的练习图”（见图二十六），可以让学生变换不同方式练习，以避免单调和枯燥。

无论是“不规则曲线运动”，还是“不规则的直线、斜线运动”，都要有一定的练习量，同时还要根据学生书写的情况设计评价标准，并采用分步实施的方式，实现全体学生的有效训练。在训练时，要特别注意学生执笔、坐姿的正确，用笔的轻重，以及顺时针、逆时针的运笔特点。同时，教师要引导学生不能信手涂鸦，肆无忌惮地乱描乱画，否则就走向“肆意放任”书写的另一个极端，由此失去了“控笔练习”的意义。这个意义就在于通过控笔训练达到“收放自如，行止有度”的书写行为规范。

不规则图形的临画练习，最好使用普通的打印纸，A4大小最为合适，如果纸张较厚不易破损的，就可以双面反复使用。

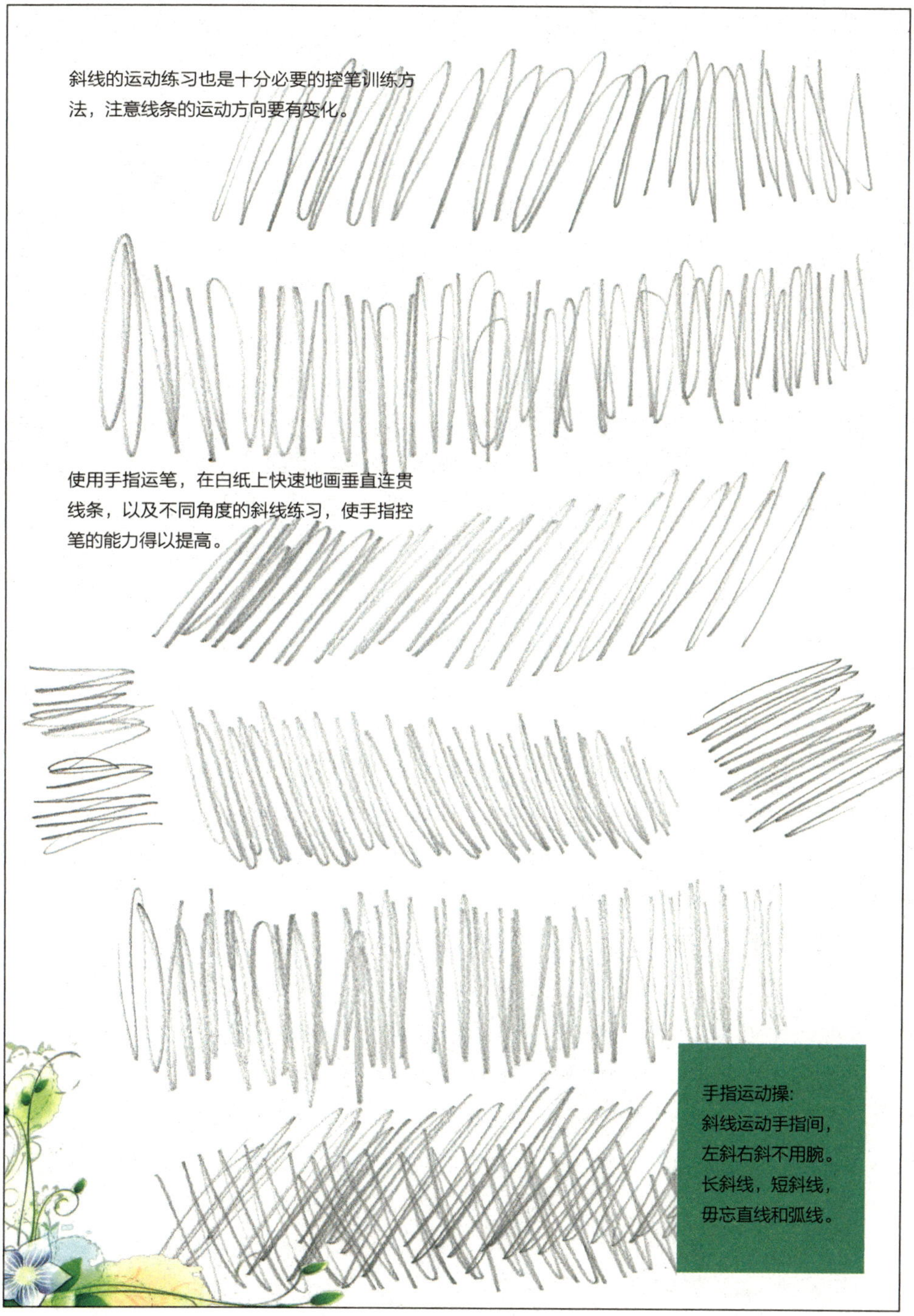

图二十六　不规则直线、斜线的练习图

第三章 不良书写习惯的矫正

柳公权楷书

在书写行为训练中，部分儿童不适应问题的存在原因

在本书的第二章，我们已经注意到了这样一个逻辑关系的存在：

错误的执笔直接影响到书写的身法，是造成不良书写行为的重要原因。因为错误的执笔方式影响了书写者控笔能力的发挥。

良好的控笔能力需要一个有效的训练方法和训练过程；只有坚持正确的书写行为训练，才能最终养成良好的书写习惯。

有了良好的书写习惯，才使写好汉字成为可能。

这个逻辑关系的存在，无论在儿童不良书写行为的预防阶段，还是在中小学生不良书写行为习惯矫正阶段，都必须予以密切关注。千万不要认为，书写的不良行为习惯的纠正，仅仅靠一个动作行为的改变就可以完成；更不要将问题归结为一个点、一个环节、一个提示的错误，而不涉其他，就认为问题已经解决。如果这样做，只会使这套教学系统的设计失去科学化内核，而成为一种敷衍的形式，由此而失去它积极的意义。

人类的任何行为能力，都是由一组协调关系构成的。

无论体育运动中的球类运动、田径运动，还是艺术中的器乐演奏、歌唱、舞蹈、表演，都是如此。书写也是一种行为能力，它只有通过协调的、和谐的行为组合，才能形成手眼协调的书写表达能力。而这种能力需要科学、系统的教学指导，更需要一个较长时间持之以恒地训练。所以，我们只有将书写行为训练根据组合训练的教学模式来进行设计，才能最终在环环相扣的链条中发挥出应有的作用，由此转化为一种视觉认知的行为能力，成为能伴随儿童终身不离不弃的书写行为能力和书法

艺术的表达能力。

在我们的教学实践中，往往会发现同样的训练过程中，有的儿童很快就适应了；有的儿童虽然有些困难，但他已经意识到了什么地方错了，正在积极地、努力地去克服，使自己适应新的要求；但也有一些儿童难以适应。他们或者表现出漫不经心的态度去放任自己，或者虽然很努力去做，效果就是不好。根据小学班级的学情观察，具有不良书写问题的学生占15%~20%。

这些问题的出现，大都源于三个因素：一是学生自我控制能力不好，随意性太强；二是学生书写行为技能协调性差，有的学生还有书写行为能力上的缺陷；三是因为他们的视力、颈腰椎部位已经出现问题，不得不改变自己的姿态才能适应书写。

这三种情况的出现，就不是通过简单的课堂教学可以解决的，也不是教师通过自己的教学努力可以改变得了的。它需要一种针对性极强的教学方式，或者是有医学诊断、治疗的辅助形成的个性化的教学干预才能得以解决。同时，这种教学干预，只能使相当部分学生不良书写行为有所改善，要最终完成矫正，还需要长期坚持不懈地努力。

在教师指导下的课程矫正方法的应用

一、不良书写行为需要正确的方法干预

中小学生不良书写习惯的矫正，在小学一二年级效果最好，对于小学五年级以上，尤其是初高中生而言，不良书写行为大多已经固化为一种习惯，改变起来比成年人都要困难得多。一是初高中生的作业压力较大，书写上必须要一定的速度才能完成，在赶作业的时候，难以保持正确的书写姿态。尽管他认识到了，但习惯成自然，不能避开习惯对书写姿态的影响。二是他们的自我控制能力偏弱，不重视行为上的偏差，由此而形成不

同程度的放任。

在初高中阶段，比较理想的情况是，通过教师的讲解和训练指导，能够让多数学生认识到问题的存在，而促使他们进行不同程度的改善。

在实际工作中，我们注意到了这样一个现象，小学中低段学生的良好书写行为的养成，关键在于语文教师。如果这位教师自身具有良好书写行为，并善于引导学生进行健康书写，懂得预防教学，并掌握一定的矫正教学方法，一般可以引导绝大多数学生养成良好的书写习惯。

任何通过器具和器械，强迫性或强制性让学生挺直腰背，抬起头来书写的方式，或者以限制学生行为来迫使学生端正书写姿势的方法，都是不恰当的。这些不恰当的方法不仅不能改变学生的书写姿态的错误行为，反而会增加他们的心理负担，将书写行为异化为一种精神和身体上的磨难，由此引起他们对学习心理上的排斥情绪和行为认知上的恐惧情绪，那就糟糕了。

在本书第二章，我们已经对预防不良书写习惯，对正姿、正笔方面的教学给出了一些建议。在矫正不良书写习惯工作环节，我们在身法、执笔训练上的要求是完全一致的。不同的是因为对象的不同，在控笔能力的训练上，尤其是在针对不同情况采取的不同控笔训练方法上，需要有更多的方式和方法，以适应不同的教学需求。

在矫正不良书写习惯训练中，较长一段时间的不规则图形的控笔能力训练，是必不可少的重要教学环节。

矫正不良书写习惯期间的控笔练习，重在恢复手指运动笔杆的书写功能。

执笔在于用笔。唐人张怀瓘提出了十二种隐笔法：迟、逆、疾、顺、涩、倒、转、涡、提、啄、罨等。这些方法体现了毛笔字书写的灵活表达能力。钢笔字的书写，紧紧盯住灵活运转的控笔能力最为重要。

二、不规则图形的训练在矫正教学中的应用

控笔能力的训练，我们将其分为“先易后难”三个步骤。第一、二步是第二章图二十五“不规则曲线的练习”和图二十六“不规则直线、斜线

的练习”范例，这是一个基本的训练程序，旨在恢复学生书写中手指的运动功能。这两个练习，我们可以重温本书第二章中的“控笔训练方法”。第三步是规则图形和线条运笔的训练。我们在进行这一步骤训练时，必须要注意学生执笔方法的正确，尤其是注意改正用腕的蠕动来运笔的错误行为。

三、规则图形和线条的控笔能力训练

控笔能力的训练，无论是基于儿童还是青少年，都最好采用铅笔进行。

因为铅笔可以比较自由地表达用笔的轻重、粗细。铅笔有不同的硬度，可以很清楚地表达出不同力度作用下的线条表现能力，由此使学生形成可以作用于行为认知的，有实操性肌肉型的记忆。

为强化这种认知体验，训练将采用2B、B、HB三种铅笔交互的方式，结合各种的线条组合练习，让学生对不同硬度的铅笔书写有一定的身体力行的感悟。由此，他们将产生一种对于健康的书写运动的良好学习体验。

这样的训练需要的时间因人而异。多数学生很快就会掌握，但有些学生会比较困难，甚至需要家长的督促，才能完成训练。

初高中学生的“书写矫正”课程训练，就要困难得多了，但也是极有成效的。只是要将“矫正”训练的成效运用到实际的书写中，就困难了。因为初高中学生的作业量大，该学生改变书写习惯后，往往难以度过一段极不习惯的，甚至无法正常书写的过渡期，而不得不放弃。

所以，对于初高中学生的不良书写习惯的矫正，课堂教学只能解决部分书写行为习惯本来就较好或者手指运动功能相对较强的学生的运笔问题。比如有过学习素描绘画经历的学生，有过毛笔字书写学习经历的学生等。

通过对规则图形和线条的描摹来训练手指控笔的运动能力，可以使手指的控笔能力从无为状态转为可控的有所为状态，为其后的书写做好准备。既然它属于规则性的训练，那么线条描摹应该有一定的相似度，这跟前一阶段的练习是不同的。

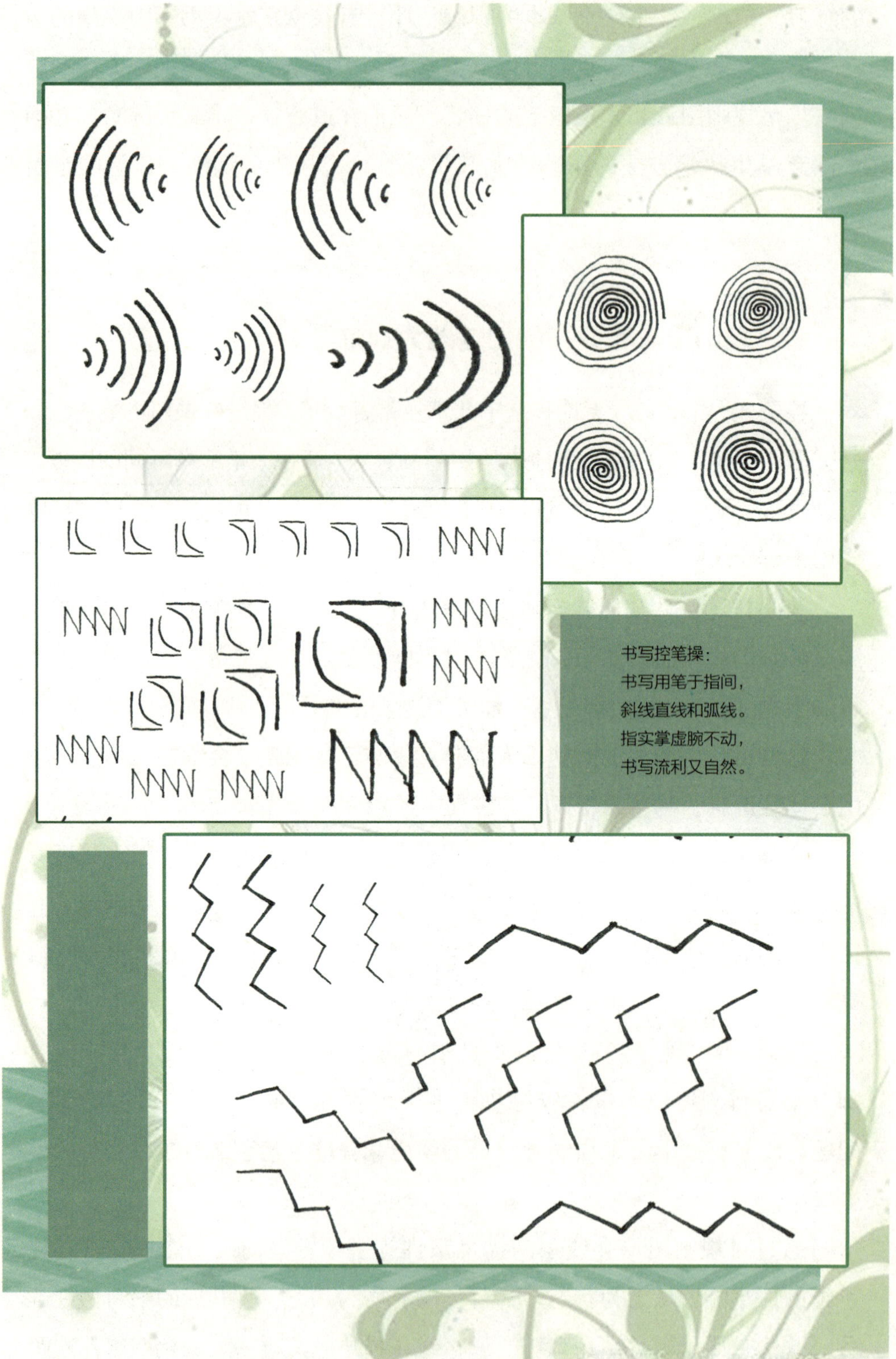

图二十七　规则图形和线条的控笔能力训练图例

汉字是由不同的线条来结构的。比如：直线、斜线、弧线、曲线、角线等。这些基本线条的练习，一方面在于训练手指书写的控笔能力和技巧，另一方面也可引导学生认识不同的线条。

学生练习这些线条时，需要放慢速度，而且同类线条需要有一定的相似度。

四、汉字书写线条的组合训练

在矫正过程中的正字环节，不能一概而论，要注意根据不同学段学生的书写要求，分不同的情况进行训练组织。

1.不同学段学生汉字书写的线条运用应有不同的要求

汉字的书写，是通过线条的书写表达来实现的，但不同学段的学生在线条的表达上有不同的方式。如：小学低段学生的书写线条训练、小学中高段学生书写线条训练、初高中生书写线条训练等都是不同的。在使用书写工具上，也可根据不同学段学生的书写情况，采用多种材质的硬笔书写工具进行训练。

2.小学低段学生常用笔画和组合线条的训练

小学低年级学生主要通过汉字的书写来识字认字，所以这段时间的书写必须是一笔一画的楷书训练。中国汉字是由8个笔画组成的，同时通过基本笔画的组合衍生出了22个常用笔画。我们可以看到，在汉字的书写中有这样一组关系：

8个基本笔画演化为22个常用笔画，由笔画构成的最简单的独体汉字，成为偏旁和部首，再组合为大量的合体字，从而形成了庞大的汉语字库。

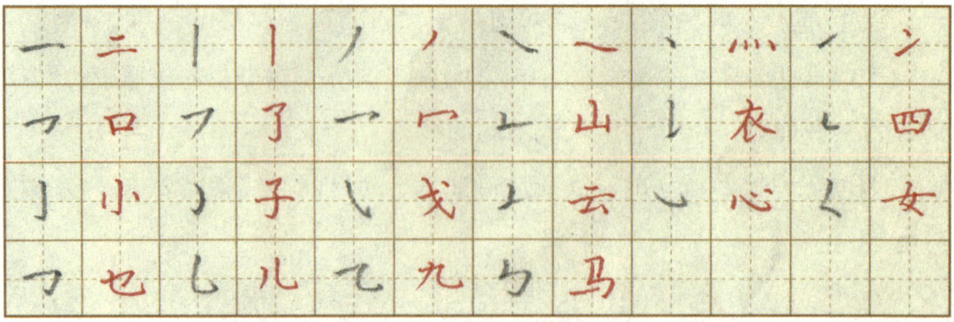

常用笔画的书写练习，要注意其中的变化，如长横与短横，悬针竖与垂露竖，长撇与短撇等。其中，点的变化更多。

图二十八　小学低段学生硬笔书写线条训练

3. 小学中高段钢笔字书写线条表达训练

按照语文课程的教学要求，小学三年级学生要学习使用钢笔书写，并适当加快书写的速度。同时，教育部《中小学书法教育指导纲要》也提出了学习古代书法经典，用以指导学生书写的要求。所以我们可以按照古代书法蒙学的程序，将“行楷书”适时引入语文教学中的书写训练，使孩子们接触汉字书写，并以应用为目的，练习又快又好的书写方式。尚古而不泥古，实现启功先生提出的“寓行于楷，行楷皆法”书写应用的教学理念。

小学五六年级学生的书写，按照语文课程的要求，已经涉及汉字字体的演变，以及行楷书、行书、行草书、草书的鉴赏，并在书写要求上，提出了钢笔字行楷书写的范例。如：小学五年级下册第67页“书写提示”、六年级上册第109页的“聊聊书法”，通过对王羲之《兰亭集序》的欣赏，提出了通过经典书法的学习来提高自己书写能力的课题。而六年级下册的第18页，采用了一段钢笔字行书书写的沈从文语段，明确提出：通过观察和书写体验，提高自己书写速度的问题。

从这段时间开始，通过学习行楷书写的线条运用，为小学生完成小学语文教育，进入初高中阶段学习打下良好的基础。

本节练习根据语文课程教学要求和教育部《中小学书法教育指导纲要》提出的，“小学三年级以上学生使用钢笔进行汉字书写，并逐步提高书写速度”，采用褚遂良楷书的特点组成汉字基本笔画及常用独体字书写练习库。汉字的偏旁部首，许多都来自于独体字，写好独体字，对于合体字的书写练习大有裨益。

图二十九　小学中高段学生硬笔书写线条训练

4. 初高中学生书写应符合行楷书法自然流畅的法度

汉字的识字认字，通过小学的学习已经全部结束了。初中以后，主要在于应用。同样，汉字的书写速度，也需要得到大幅度提高。所以，我们从行书线条表达的角度，将行书自然流畅的书写格式通过独体字训练的方式引入初中学生的书写练习，这将对学生自然流畅的汉字书写能力的形成具有非常重要的意义。

硬笔书写的线条训练，是在不规则性和规则性控笔训练基础上进行的书写应用能力的练习。这个练习需要一个较长的适应期，对此，教师要注意引导学生慢慢去体验、去感悟书写姿势改变后带来的书写乐趣。同时，教师还要引导学生逐步将笔画的书写缩小到1厘米，甚至更小。

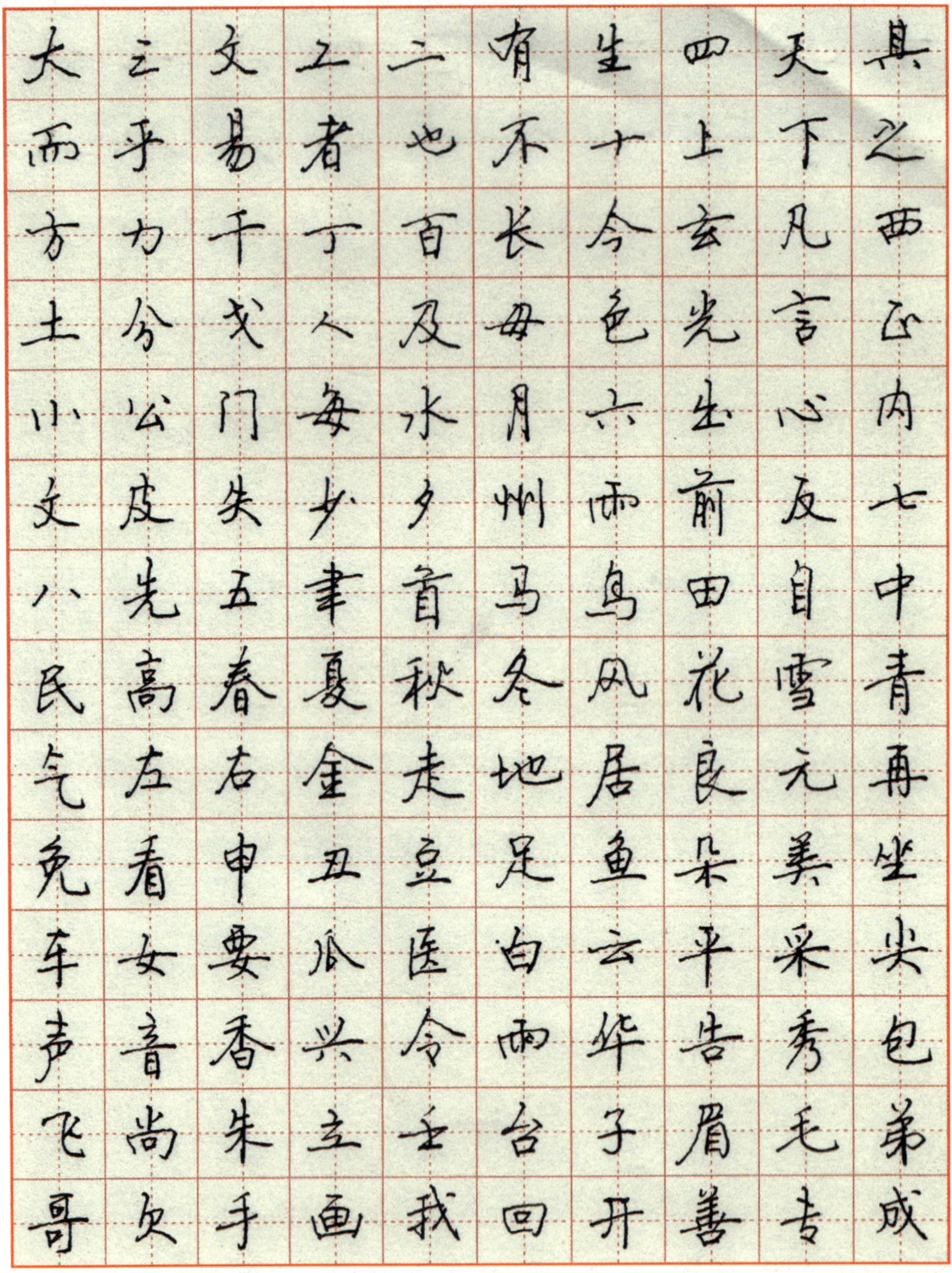

褚遂良的楷行书，又被称为“小行书”或“真行”书体。启功先生认为：学书法，“寓行于楷，行楷皆法”，更利于应用型的书写。这篇《独体字行楷书单字造型图》，对于学习小行书点画形态的变化，结构上的重心平稳，笔调的遒劲舒展，以及单字造型的结体方式都极具好处。

图三十　初高中学生硬笔书写线条训练

在课题的教学实验中，教师们还总结出这样一些非常有用的教学建议。比如：小学中高段以上学生的不良书写习惯的矫正，应分为三个阶段去完成。

第一阶段：通过学校正姿、正笔的教师教学能力训练，使每一个语文教师都能够形成良好的健康书写教学理念，并能熟练运用于普及性的预防不良书写习惯的方法，进行课堂教学。

第二阶段：建立家校互动机制。采用本书附赠的宣传画页或家校联系方式，将学校正在进行的健康书写教学活动告知家长，请予配合。

第三阶段：对经过课堂教学仍不能矫正自己书写习惯的学生进行集中训练。训练期间，还可根据学生所在年级语文课程的教学要求，采用铅笔字、钢笔字书写的方式进行正字的楷书书写训练。

只有通过正笔、正字两个方面组合式的、良好的引导，学生尤其是那些已经受到不良书写习惯影响较长时间的学生才有可能真正地“抬起头来”书写。

个性化的特殊训练方式的应用

一、找到问题存在的原因

在经过教师针对性很强的课程教学训练后，依然有相当部分的学生不能写好汉字，我们在本章的第一段已经进行了一些分析，但如何才能引导这类特殊人群，尤其是儿童，进行有效的书写行为矫正呢？

我们可以借鉴体育运动中，针对协调能力差的训练方式，进行个性化的教学干预设计，提出针对性较强的特殊训练方式。其实，这种训练方式在绘画艺术教学上、表演艺术教学上也是一种惯常的方式和方法，但如何用在不良书写习惯的矫正上，是一个非常值得探讨的问题。

首先，得找到引发这些问题的原因，这是根本。然后根据不同情况进行组合式的强化训练。

我们从对小学生班级书写教学中类似问题的研究中发现，三种情况比较明显：一是自控能力差，注意力散乱；二是行为规范不好，有较为明显的多动症行为倾向；三是病理性或病原性因素的影响，比如：近视或远视、双眼屈光不正、弱视、颈腰椎侧弯、斜视等问题。

有些病理性、病原性问题造成的书写行为不当，在没有医学治疗的配合下，是不可能被矫正的。譬如斜视问题、颈腰椎侧弯问题等。

我们将主要对非严重病理性干扰形成的不良书写行为习惯的矫正，和配合医学治疗进行的“矫正”教学设计，进行普遍意义上的探讨。对一些特殊的个性对象的“矫正方式”，由于情况太过于复杂，就不作为本书的探讨对象。

二、非病理性的不良书写行为习惯矫正的教学干预

前一节，我们谈到了小学阶段学生的不良书写行为习惯的矫正，通过良好的课程引导，一般可以让80%的学生得以改善。但这只是针对小学低段、中段的学生而言的。小学高段的情况就要困难多了。而针对初高中学生，矫正工作的难度系数更大，甚至这一学段学生的不良书写习惯的矫正，绝大多数需要通过强化训练的方式才能得以实施。然而，到了大学，要容易得多了，只需要有良好的训练教程，多数学生书写行为可以得到较好的改善。因为这个学段的学生，书写量不大，自我控制力较强。

在教学中，教师应尽量通过引导，让部分学生不良书写行为习惯得到一定的改善。教师尤其要注意联系学生家长，采取家校互动方式认真解决好这一问题。

三、病理性原因形成不良书写习惯的矫正教学支持

根据国家卫健委2021年公布的监测数据，我国儿童青年总体近视率为52.7%。其中幼儿为14.3%，小学生为35.6%，初中生为71.1%，高中生为

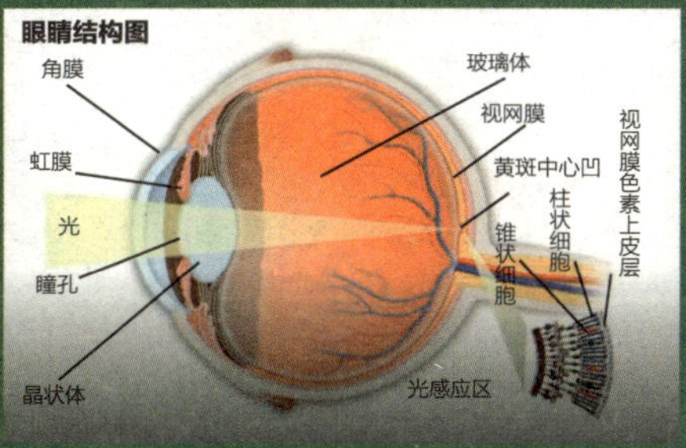

据天津医科大学眼科医院的调查，近视发病率呈逐年增高和低龄化的趋势。从20世纪60年代的30%，到2010年后已经达到的创纪录的80%以上。

图三十一　近视眼视力图

80.5%。

在不良书写习惯的矫正工作中，最难以解决的是高度近视、斜视、颈腰椎侧弯等病患学生的书写行为的矫正问题。这些问题的解决，已经不是单纯通过教学干预的方式就能实现了。但如果因此放弃教学的引导，又会加剧患病学生病情的发展。所以，针对这类情况，也必须在医学矫正的同时，采用积极的措施，配合良好的教学行为矫正他们的不良书写习惯。不然，医学矫正的成果也是难以稳固的。

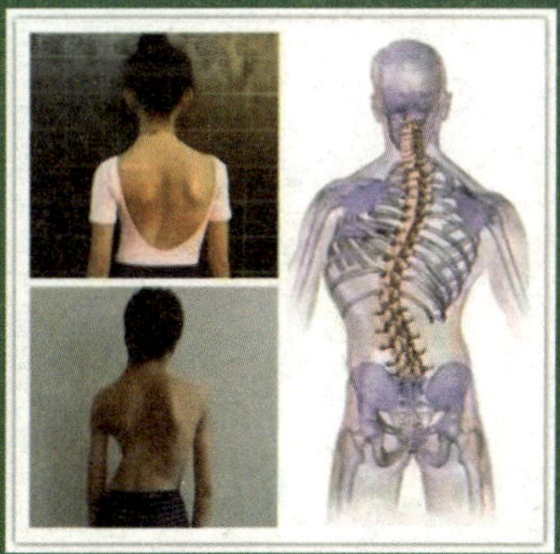

根据《预防医学》杂志邹艳等人发布的学术调查：目前我国中小学生脊柱侧弯人数预计超出500万人，并且以每年30万人的速度递增。而脊柱侧弯的主要病患原因在于坐姿的歪斜。

图三十二　儿童的脊柱侧弯图

第四章

正字卷一：小学生铅笔字

标准楷书的书写教学

赵孟頫楷书

儿童铅笔字书写的三个教学要求

楷书书写，自古以来就是儿童学习汉字书写的第一课程标准，也是儿童规范使用汉字的最初体验。

在毛笔字退出应用书写后，小学语文课本的楷书，是采用电脑楷书书体来规范的。这种书体很标准，可以称之为“标准楷书”。但要改写为手书，还需要一个转换的过程。

儿童的书写，是经铅笔字书写，然后转钢笔字书写的。

在这一转化过程中，铅笔字的书写尤为重要。因为在这一学习过程中，既要引导他们从小养成良好的书写习惯，又要体现语文课程识字、认字、写字的教学要求，同时还要通过文字的书写让儿童获得汉字结构美学的审美体验。在这三重教学要求下，需要教师一笔一画地示范。

一、引导儿童从小养成良好的书写习惯

小学阶段是养成良好书写习惯的关键。

正确的执笔方法，是保持良好坐姿的关键。反之，如果正确的执笔不得要领，即使在教师和家长的关注下、监督下，儿童也只能是暂时性地调整一下坐姿，很快便恢复原态。

同样，没有正确的执笔方法，儿童就不能形成良好的控笔能力，由此，也就不能写好汉字了。因为汉字的书写，必须依靠手指的运笔能力。没有这一能力，儿童就只能采用刻画的方式去刻写，甚至终身与良好的书写能力无缘。

这是一组协调的运动方式，一组环环相扣的链条组合，缺一不可。这就是我们认为必须通过积极的、科学的训练，才能够形成的一种书写能力。

二、铅笔字书写应符合国家规范汉字的教学要求

小学生的汉字书写必须与语文课程教学的要求相适应。

按照现行小学《语文》教科书和教育部《中小学书法教育指导纲要》的相关要求，小学阶段的汉字书写大致分为三个阶段。

一二年级是第一阶段，这一阶段使用铅笔在田字格里书写规范汉字楷书。

三四年级是第二阶段，同样也是书写规范汉字楷书，但书写工具变为钢笔了，同时也提出了加快书写速度，学习行楷书书写技法的要求。

五六年级是第三阶段，五年级开始，不再使用田字格，而是在方格中进行习字练习了，同时也提供了一些横线格、竖线格书写范例，以及一些古帖的介绍。五年级开始，有了对甲骨文、篆书、草书，以及欧体楷书、颜体楷书、柳体楷书、赵体楷书的介绍。在小学五年级上册的语文课本中，已经有了手写楷书的举例，同时对书写的篇章布局也有了明确说明。到了六年级，已经明确提出了提高书写速度的要求，同时列出了手写体行楷书的范帖，供教学参考。

另外，按照小学一年级语文教材上提出的《常用笔画名称表》，引导小学生书写按照“22个笔画”，并严格遵照笔顺的要求。当然，这种笔顺与古代毛笔字书写书法的“笔顺”不是一个概念，它更多地属于笔序。

2013年1月，教育部颁发的《中小学书法教育指导纲要》提出：小学低年级学习用铅笔写正楷字，小学中年级开始学习使用钢笔，熟练地书写正楷字，并逐步提高书写速度。小学高年级，运用横线格进行成篇书写练习，同时鼓励学生尝试使用硬笔学写规范、通行的行楷书。

本文根据上述要求，分小学低段铅笔字书写、小学中高段钢笔字书写两个层面，来进行教学方案的设计，供小学语文教师们参考。

三、通过学习书写，认识汉字之美、书法之美

这个要求对于多数小学教师而言，是极为困难的。汉字的审美，不仅涉及书法史学、书法美学方面的知识，还涉及书法艺术上的书写体验。如果教师自己没有汉字书写方面教学的基本功，就会“以其昏昏使人昭昭”。当然，汉语言文学专业毕业，同时又在高校选择了书法学专业课程的教师，在这方面就明显具有优势了。

一个具有良好三笔字书写教学基本功的优秀语文教师，可以使成百上千个学生养成良好的书写习惯，同时终身爱上汉字的书写。所谓：“言，心声也；书，心画也。”普通话好的孩子，语言的表达能力和感染力大都非常强；同样，汉字书写能力强的孩子，通常善于书写，乐于书写，在记忆能力、逻辑思维能力方面都具有较强的优势。

铅笔字书写常用工具的选择和使用

小学一二年级学生使用的铅笔，根据不同的硬度分为13个标号。采用HB型号的铅笔书写，是小学生的惯常方式。HB铅笔软硬度适中，但对于初学书写的学生而言，稍稍硬了一些，容易造成书写用力过大的问题。如果学校语文教研组对此没有特别的规定，建议学生选用B或2B铅笔，有利于降低学生的书写力度，这对于改变学生执笔过于紧、书写过于用力形成的刻画用笔方式是有极大好处的。

使用铅笔书写，因笔杆较细，加上木杆铅笔需要经常削笔，学生可能会因此而执笔过低，形成翘指书写的习惯，遮挡视线，损伤视力。对于这些执笔过紧、有翘指问题或书写用力过大的学生，可以建议家长换用笔端粗大，可以自动伸缩，硬度为2B的硅胶头的自动铅笔。

小学低段，即一二年级学生，使用铅笔学习书写汉字。铅笔字的书写有其独特的技法，并不是随心所欲的，对书写工具也是有要求的。

铅笔书写容易造成许多问题：其一，铅笔笔杆较细，学生在书写时易于采用叠指书写方式；其二，铅笔书写笔迹浅薄，由此学生形成了用力刻画的书写习惯；其三，铅笔易于磨损，学生执笔过低，由此形成翘指侧头的书写习惯，极大地损害了视力健康。

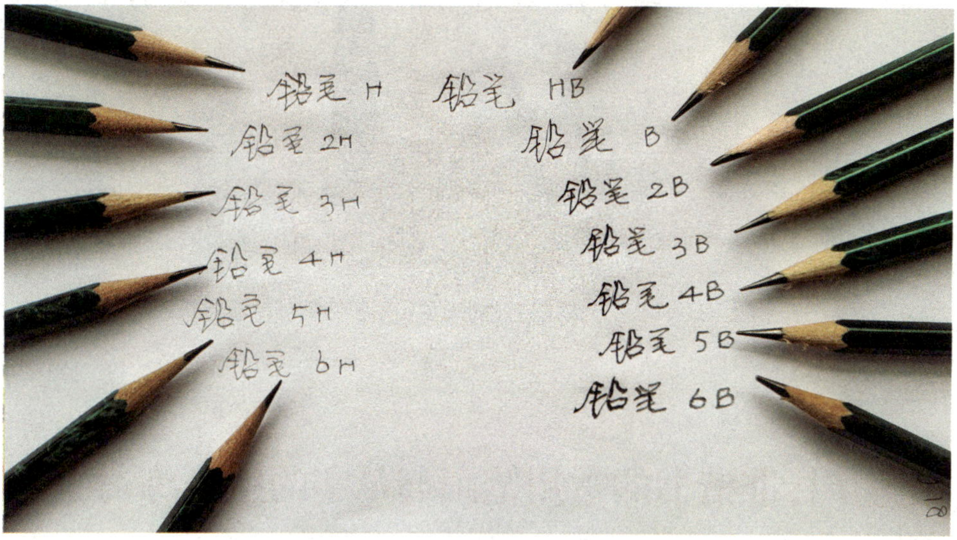

图三十三　不同硬度铅笔的书写效果

其实，铅笔与钢笔、中性笔一样，也有许多类型，有的笔迹浅薄，有的笔迹就很深。换一支铅笔使用，再加上正确的削笔方法，或者让学生给自己铅笔套上一个硅胶握笔器，这些问题有可能就解决了。

铅笔的削笔的方式也有一些讲究。我们现在常常使用的卷笔刀，大都只能削出短短的一点笔头。笔头磨损后，学生的手指就会翘起来，挡住视线，造成埋头或斜眼的书写姿势错误。

我们使用最多的是普通铅笔。参考图三十四，可以看到有三种削笔方式。小学生大都采用第一种方法削笔，这样削笔，笔尖很短，大约2毫米，容易造成翘指书写的问题。第二种方式，笔尖是平的，难以书写。第三种方式最好，整个笔头约有5毫米，笔位较高，有利于克服执笔过低的问题。同时，因为铅笔笔头易折断，可以让学生逐步养成轻轻运笔的习惯。

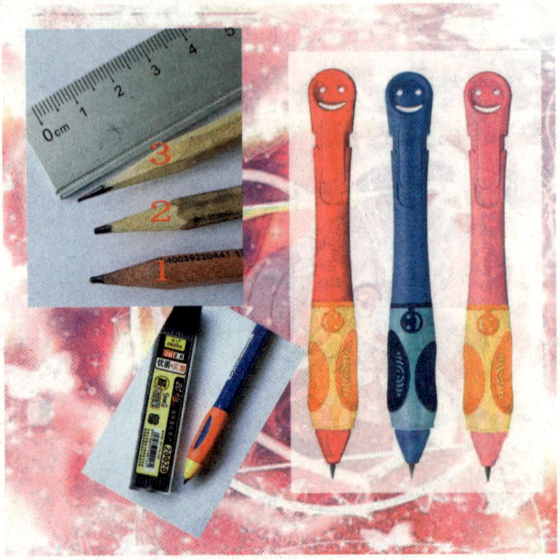

图三十四　三种削笔方式和带有握笔器和笔芯伸缩功能的胖头铅笔

铅笔字标准楷书的常用笔画与单字的组合练习

一、铅笔字楷书点画形态的书写表达

这一阶段汉字书写教学，除第二章已经讲了的身法、执笔法、控笔法的练习，还要结合课程教学的进度，让学生进行必要的书写练习，即“正字”的练习了。

铅笔字书写练习，一是通过《常用笔画名称表》对一些有特殊结构意义的独体字（单体字）进行书写练习，引导学生认识汉字书写用笔的轻重、转折的停顿，以及横、竖、撇、捺、点、折、提、钩等不同笔画。

1.汉字22个常用笔画

小学语文教材，将汉字常用笔画确定为22个。通过这22个常用笔画的学习，学生可以清楚地将汉字分解为22个点画线条进行结构组合，同时也可以通过这些笔画来了解汉字书写的笔画、笔顺，并根据这些笔画的数量，来使用工具书。所以，这22个常用笔画就是现代汉语识字写字上的一种基本规范。

笔画	名称	例字	笔画	名称	例字
㇐	横	开 土	㇄	竖弯	四 西
㇑	竖	中 上	㇚	竖钩	小 可
㇒	撇	天 禾	㇁	弯钩	了 手
㇏	捺	人 尺	㇂	斜钩	我
㇔	点	头 下	㇜	撇折	去 东
㇀	提	虫 把	㇃	卧钩	心
㇕	横折	口 五	㇛	撇点	女
㇇	横撇	子 水	㇆	横折钩	力 月
㇖	横钩	你	㇟	竖弯钩	儿 巴
㇗	竖折	山 牙	㇈	横折弯钩	几
㇙	竖提	长 比	㇉	竖折折钩	马 鸟

图三十五　小学生标准楷书《常用笔画名称表》

2. 古代汉字书写的8个基本笔画

在古代毛笔字书写时期，汉字只有8个基本笔画：横、竖、撇、捺、点、折、提、钩，它们被称为“古八画”，是汉字最小的构件。

小学语文教材上的22个常用笔画，是在古八画的基础上的衍生，它们作为现代汉语楷书书写的一种规范，有利于学生对汉字书写结构的认知。但22个常用笔画不利的因素则在于：复杂、难以记忆和使用。

汉字古八画，是汉字最小的点画形态。早在魏晋南北朝时期，古人就总结有“永字八法”理念。大道至简，最为简单的点画形态，使汉字的书写具有极为强大的变化能力，由此催生了中国书法史上形态各异的书体。

现在，我们小学语文教本中的22个常用笔画，就是古八画的一种衍生，有些类似于魏晋时期流行的笔阵图。

3. 采用古八画对常用笔画进行类化，更有利于汉字的书写

有什么方法可以在不影响22个常用笔画认知的同时，让学生也认识古八画，增强学生对汉字书写文化优秀传统的认识呢？

为此，笔者认为应该将现行22个笔画根据古八画分类区分，进行训练。这样，既不影响小学低段学生对于22个常用笔画的认知、运用，又有利于在三四年级后，将其归并为汉字八画进行教学引导，还有利于使学生认识到将复杂的汉字书写进行简化的“起、承、转、合、引”的复合笔画的应用，进而学习行书技法，从而解决当今青少年群体性棒棒体的拼凑式书写问题。

中小学生采用刻画方式的书写，缺乏流畅度，既影响了汉字书写“流美者地也”的审美价值，又不利于快捷地书写。解决这一问题，显然不能在铅笔字书写练习阶段进行。面对这一问题，本书在后面的章节将会涉及。

为便于教学，我们将这22个笔画分为两个大的组合：一是与横、竖相关联的13个常用笔画；二是与点、撇、捺、提相关联的9个常用笔画。

二、微格训练教程一：与横、竖相关联的13个常用笔画

1. 横画与竖画的点画形态

横画是汉字笔画中最为重要的一画。传说在远古时期，人皇伏羲“一画开天”开创了华夏文明。南北朝的周兴嗣的《千字文》称：“鸟官人皇，始制文字，乃服衣裳。”这比许慎所言仓颉造字早了许多年。

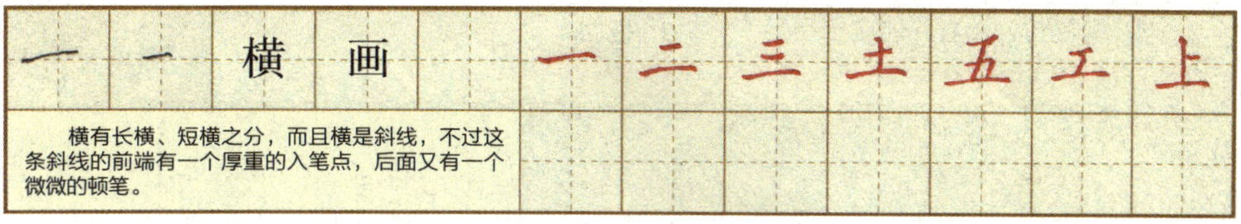

图三十六　横画书写要义

汉字横画书写有三个特点：斜线、斜头、斜尾。

这三个“斜”，各有所指。斜线是指“横画”，无论长横还是短横，都是一个小斜线，由左至右，微微昂起。斜头是指横画的起笔，有一个起笔形成的斜头。斜尾则是指横画在收笔时，形成的由上至下的斜尾。

古人认为横当患平。横平，会与竖构成呆板的十字架构，破坏了汉字舒展的韵味，而且横画的长短变化也是多样的。比如“三”字，三个横，不仅长度不一样，其粗细、平斜、俯仰也有很大的区别。

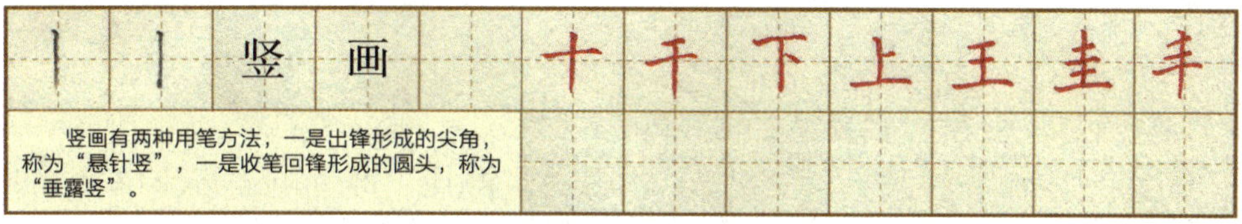

图三十七　竖画书写要义

竖画，有如汉字的中柱，是汉字的稳定性的重心。

竖画书写也有三个特点：斜头、斜尾、直腰。

斜头是在下笔时微微停顿后形成的一个由左上向右下的斜方头。在竖向运笔中保持用力均衡，然后微微顿笔，形成了一个斜尾。铅笔字标准楷书的竖画，有出锋和回锋两种收笔，形成悬针竖、垂露竖两种形态。写竖收笔时，轻轻提笔出锋，形成一个尖角，称之为悬针竖，如：“十”“千”“干”；写竖收笔时有一个微小压笔的力道，形成圆尾，称之为垂露竖，如：“下”“个”“木”。

2. 与横、竖相关联的13个常用笔画

一	横	横竖的书写，要注意直线和斜线的区分。同时，还要注意书写时要有轻有重。	三	二
丨	竖		十	工
㇕	横折	无论是折还是提，都是线条的转角，所以需要有一个停顿。这种停顿需要微微给一些力，或者让笔尖在那里揉一下，使它形成一种顿挫的重力效果。	口	五
㇇	横撇		水	了
㇖	横钩		尔	冗
㇗	竖折		山	
㇙	竖提		长	比
㇄	竖弯	弯也是线条的折转，不是圆转，而是角转，所以，又可以被称为折弯。	四	西
㇚	竖钩		丁	可
㇆	横折钩		力	月
㇟	竖弯钩	折弯和转角使汉字的书写形成了刚与柔两种转折的效果。	儿	巴
㇈	横折弯钩		九	丸
㇉	竖折折钩	竖折折钩有三个转折，而且都是角转。	马	鸟

图三十八　与横、竖相关联的13个常用笔画

横与折、钩组合，包括横一共形成了5个常用笔画，它们是横、横折、横钩、横折钩、横折弯钩。

竖与折、钩组合，包括竖一共形成了竖、竖折、竖弯、竖钩、竖弯钩、竖折折钩6个常用笔画。

汉字笔画中的折和钩这两个基本笔画，是两个寄生笔画，即不能单独存在，必须与其他笔画组合才能够使用。

横与撇组合形成了横撇，竖与提的组合形成了竖提。

横和竖有关的常用笔画，共有13个之多，约占22个常用笔画的60%。

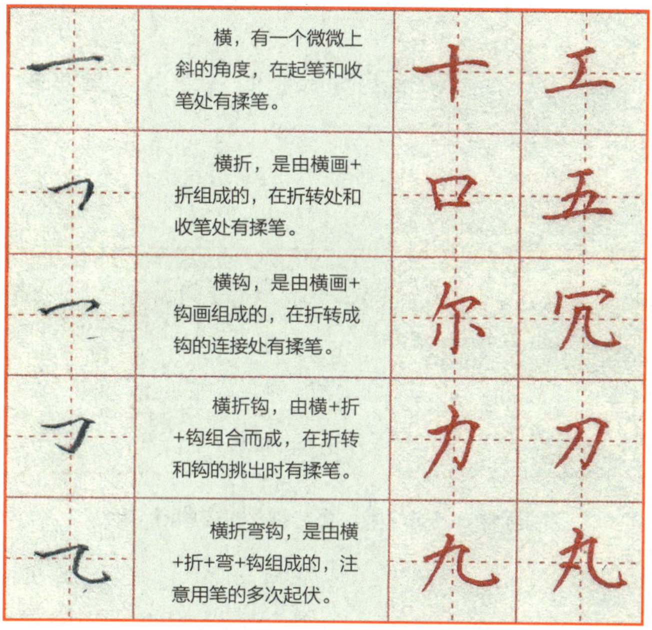

图三十九 横与折、钩的组合

	竖画，依收笔是否出锋分为悬针和垂露两种笔调。	十	下
	竖折，由竖+折组合而成，在折转处用笔较为有力。	山	医
	竖弯，在折转处有个小巧的折弯。	四	西
	竖钩，起笔和折钩处有一个揉笔，这样可使稳定性更好。	丁	小
	竖弯钩，在起笔和折钩处应有一个揉笔，而在折弯时要流畅。	儿	巴
	竖折折钩，也是一个较为复杂的组合笔画，而且两个折转处用笔不一样。	马	鸟

图四十　竖与折、钩的组合

	横撇，由一个向上倾斜的横画+折转，再撇出形成的，这个笔画有两处揉笔。	了	水	永
	竖提，由竖+提连接而成，它也有两处揉笔。	长	衣	以

图四十一　横与撇，竖与提构成的两个笔画

三、微格训练教程二：与点、撇、捺、提相关联的9个常用笔画

1.点、撇、捺、提4个笔画的点画形态

点画是汉字中最为活跃的笔画，表现方式也特别多，比如上点、下点、左点、右点，甚至还有一些偏旁部首也是由点画组成的，比如两点水、三点水、四点底。同时，它还是汉字所有笔画的起点，也就是说，任何笔画都是由“点”所生成的，始于一“点”，而延伸于其他。所以有一种说法是：点画是字的眉目。因为它的顾盼，或上下，或左右，或张或

弛，随着字形而悠然蝶化，颇有一些诗意。

图四十二　点画书写要义

撇画和捺画是汉字中最具有美感意韵的笔画。

撇画，是一条由右上微曲而下的弧线，飘然如兰，极尽舒展之态。在铅笔字书写时，切忌将其写得死板，而应有飘然舒展之态。撇有多种形态，如长撇、短撇、鸢尾撇等。

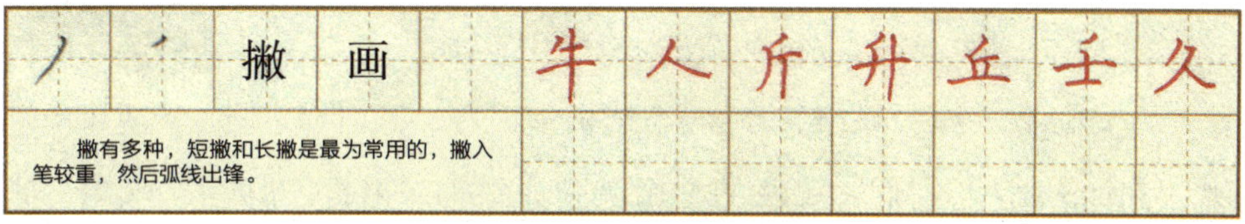

图四十三　撇画书写要义

捺画也是一条弧线，撇画与它一左一右，互为犄角，构成刚柔相济的一组互动的韵律，有如鸟之翼展。捺也有多种形态，斜捺、平捺是基本的形态。

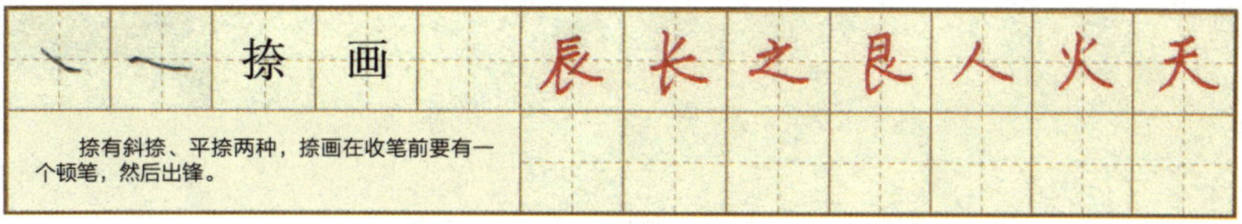

图四十四　捺画书写要义

在汉字的结构中：横为肩，竖为脊，撇、捺是舒展的鱼翼鸟翅，翩然优雅，点为眉目。它们的组合，使汉字成为世界上最具建筑美感的文字体系。

提画又称为“挑”，笔锋由左而右上作仰势，力到尽头提出。这个笔画比较短促，有些类似于是“点”作一些延伸，这种方式在“三点水”的下点上，表现得很是直接。

提画隐身于《常用笔画名称表》中的折画和钩画，是汉字书写中的运动元素。正是由于它们的存在，汉字中其他笔画就有了动感，形成了动感美。

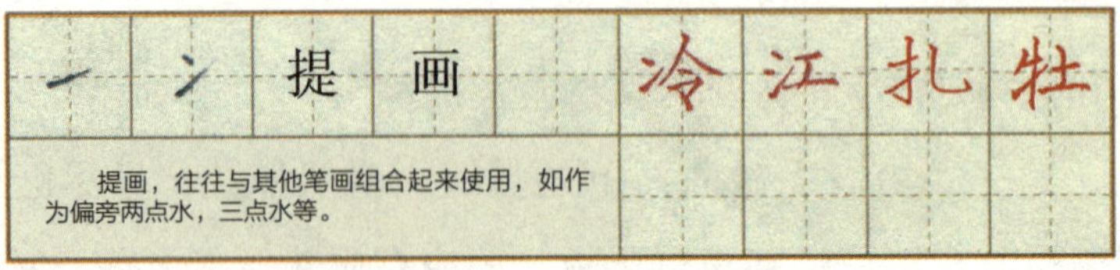

图四十五　提画书写要义

2. 与点、撇、捺、提相关联的9个常用笔画

与点、撇、捺、提相关联的9个笔画中，点、撇、捺、提4个是基本笔画，其他5个是与它们相关联的常用笔画：斜钩、撇折、卧钩、弯钩、撇点。

常用笔画有22个，是现代汉字的笔画标准。这22个笔画中有6个是古八画也有的，其余16个，是这6个笔画与隐身其中的“折”“钩”的结合。

这一组的书写练习，不仅有直线和斜线的练习，还有了弧线、角线、曲线、弧弯的练习。

	点	点画的多样性，使我们在书写时必须注意它的方位和角度的变化。	下	方
	撇	撇画在书写时要注意它的长短，同时有一个先重后轻的运笔过程。	不	会
	捺	捺画，有斜捺和平捺的区别，同时在收笔时先重后轻，提锋而出。	之	又
	提	提画，多数时候是与其他笔画组合应用，下笔略重，然后提出。	扎	虫
	撇折	撇折，有两个下笔的着力点，一是下笔略重，二是在撇折转的时候，要有着力点，然后出锋。	云	公
	弯钩	弯钩，入笔较轻，逐步加重，在钩挑出前，有个着力点。	子	子
	斜钩	斜钩，是个不太好写的笔画，入笔略重，向右下弧弯，收笔先重后钩出。	弋	戈
	卧钩	卧钩，亦称为心字钩，入笔先轻后重，呈弧弯，收笔，蓄势而发，钩出。	心	必
	撇点	撇点，也是不好写的笔画之一，入笔先重后轻，收笔先轻后重。	女	

图四十六　与点、撇、捺、提相关联的9个常用笔画

3. 与折、钩相关联的13个常用笔画

折和钩虽只是两个寄生笔画，但它们在汉字书写上却是极为重要的存在，也就是说，它们在书写的笔法上也是一种独立的存在。

折画，古人称之为“结节”，意思就是对笔画拐角处的一种处理方式。其要点为：曲折要有力度，如曲尺般刚韧，圆实。

钩画，古人称之为“趯”，这个字准确的释义难以描述，但如果换用一个同音的“剔”，就比较易于理解了。它意思是，在“钩”的形成前，

需要“蹲锋而为之”，得势而出。换一句话，就是要先作蹲锋状蓄势待发，然后在合适的位置跃出或徐出。

用铅笔字来书写折和钩，就没有这样复杂了，只需在折、钩形成的位置，有一个小小停顿即可。

折与钩，在汉字常用笔画的组成中，具有重要的作用。在22个常用笔画中，有13个笔画与它们相关联：横折、横钩、竖折、竖弯、竖钩、弯钩、斜钩、撇折、卧钩、横折钩、竖弯钩、横折弯钩、竖折折钩。

铅笔字的书写，是通过线条来实现的。无论是直线、斜线，还是曲线，用笔都应有轻有重，而不能用力去刻画。实际上，这种用笔的轻重，就是毛笔字书写中的“按提”笔法的应用。铅笔字、钢笔字书写要美，要流畅自然，用笔的轻重是关键，这也是现在许多人写不好汉字的问题所在。

四、铅笔字楷书常用笔画组字练习

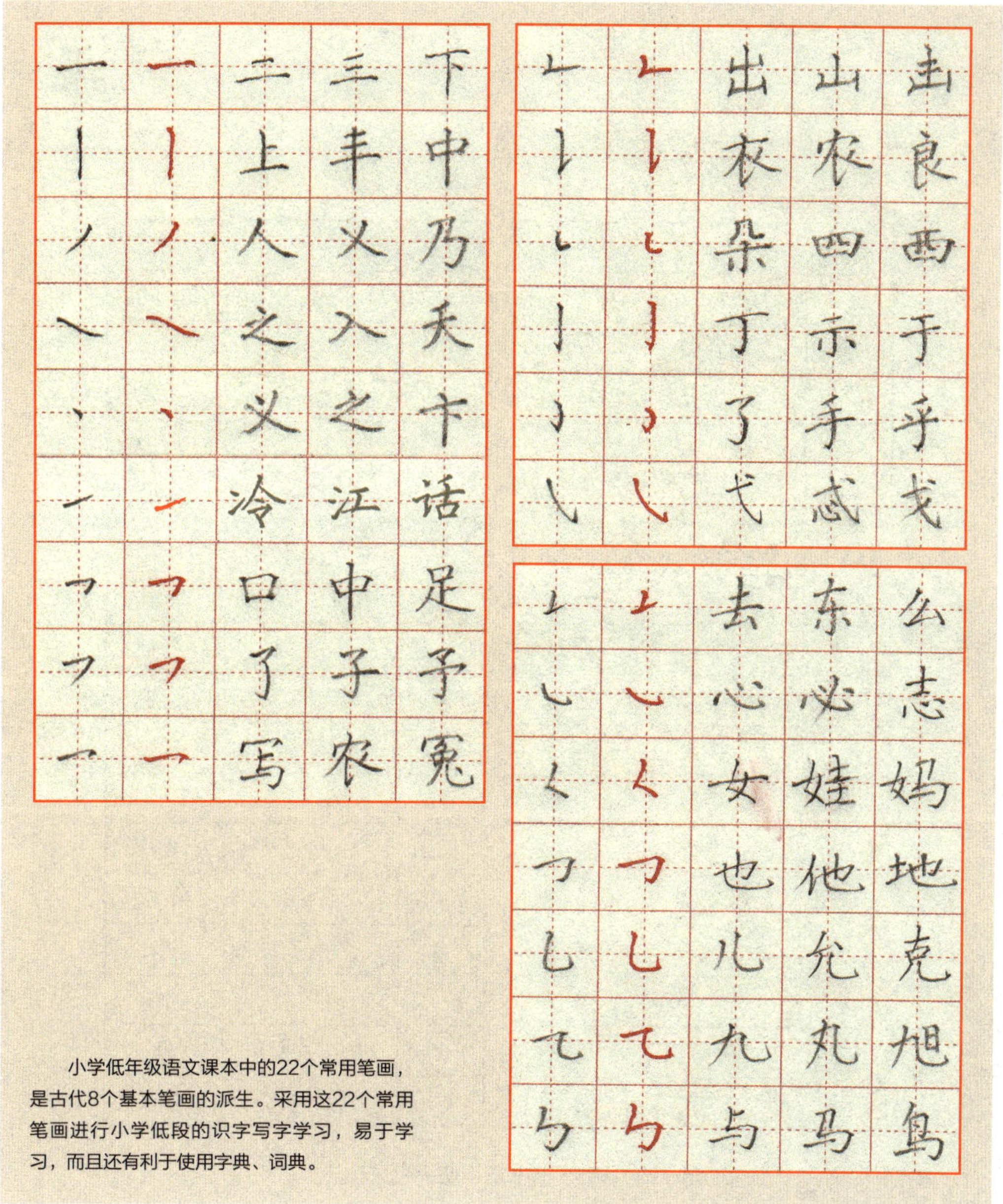

小学低年级语文课本中的22个常用笔画，是古代8个基本笔画的派生。采用这22个常用笔画进行小学低段的识字写字学习，易于学习，而且还有利于使用字典、词典。

图四十七　常用笔画组字书写练习

铅笔字标准楷书的偏旁部首组字练习

一、常用偏旁名称及例字

偏旁	名称	例字
亻	单人旁	作 们
八	八字头	公
人	人字头	会 全
⺈	斜刀头	兔
勹	包字头	包 句
亠	京字头	亮
冖	秃宝盖	写
讠	言字旁	说 课
扌	提手旁	把 挂
艹	草字头	莲 芽
口	口字旁	叶 吗
囗	国字框	国 回
彳	双人旁	得 很
彡	三撇	彩 影
犭	反犬旁	猫 狗
夂	折文	夏 冬
门	门字框	闪 问

偏旁	名称	例字
氵	三点水	江 洞
忄	竖心旁	快
宀	宝盖	它 家
辶	走之	远 边
女	女字旁	好 妹
纟	绞丝旁	红 绿
王	王字旁	玩
木	木字旁	树 桃
日	日字旁	明 晚
月	月字旁	朋
灬	四点底	点
目	目字旁	睡
禾	禾木旁	和 秋
鸟	鸟字边	鸭
穴	穴宝盖	空 穿
虫	虫字旁	蛙
⺮	竹字头	笔 笑

图四十八　铅笔字楷书常用偏旁名称表（1）

偏旁	名称	例字
厂	厂字头	原
刂	立刀	刚 别
冫	两点水	净 冰
丷	倒八	单
又	又字旁	欢 观
阝	双耳旁	降 都
土	提土旁	块 场
大	大字头	奇 牵
广	广字头	席
弓	弓字旁	张 弯
子	子字旁	孤 孩
牛	牛字旁	物
斤	斤字旁	新 断
车	车字旁	转 辆
攵	反文旁	故 敢

偏旁	名称	例字
火	火字旁	炼 炮
户	户字头	房 扇
心	心字底	忘 想
钅	金字旁	钱 铅
疒	病字旁	病
立	立字旁	端 站
衤	衣字旁	裙 初
页	页字边	颜 领
舌	舌字旁	甜 乱
米	米字旁	粽 粮
走	走字旁	赵 赶
足	足字旁	跟 跳
身	身字旁	躺
雨	雨字头	霜 雷

图四十八 铅笔字楷书常用偏旁名称表（2）

二、微格训练教程三：铅笔字常用偏旁书写组字练习

汉字的偏旁是合体字的重要组成。这些偏旁共有63个。为了方便练习，我们根据它们的“起笔”分为撇、点、横、竖、横折5组。

汉字书写的“起笔”非常重要。它与书写的这个汉字的大小、形态都具有很紧密的关系，所以在书写时要注意“起笔”这一画在田字格、米字格或方格中的位置和大小。

起笔位置的确定，以田字格为例，可分为四区：左上、左下、右上、右下，每一区又可分为四格，由此能比较方便地确定这一笔画的大小、长短、粗细。有了这一画，其他的笔画就可以依据这一笔来布局了。

1. 起笔为“撇”的偏旁，共有19个

亻	单人旁		仁	什	仃	化	仇	仅	仙
八	八字头		八	公	分	兵	谷	具	具
人	人字头		人	仓	今	令	全	舍	命
⺈	斜刀头		刍	危	负	色	争	龟	兔
勹	包字头		勺	勿	勾	句	包	匆	甸
彳	双人旁		行	彷	征	往	徂	彼	徉
彡	三　撇		形	杉	彤	钐	须	彦	彩
犭	反犬旁		犯	犷	狗	狐	狂	犹	猫
夂	折　文		冬	处	各	条	备	务	夏
月	月字旁		月	肌	肚	肤	肢	胜	胆
禾	禾木旁		和	秃	秀	私	秒	香	秘
鸟	鸟字边		鸡	鸥	鸦	鸢	莺	鸭	鹅
⺮	竹字头		竹	竺	签	筑	笨	第	答
牛	牛字旁		牡	牝	牟	牦	牧	物	犍
攵	反文旁		收	攻	改	败	放	政	致
钅	金字旁		针	钉	钗	铁	钢	钮	钱
舌	舌字旁		舌	乱	刮	敌	辞	甜	舔

图四十九　起笔为“撇”的偏旁组字书写练习（1）

身	身字旁		身	躺	躬	射	躯	躲	躶
斤	斤字旁		斤	欣	所	斧	颀	断	斯

图四十九　起笔为“撇”的偏旁组字书写练习（2）

2. 起笔为“点”的偏旁，共有19个

亠	京字头		六	亦	市	产	玄	交	京
讠	言字旁		计	订	认	讨	让	议	讲
氵	三点水		汁	汀	汉	江	污	沙	泛
忄	竖心旁		忆	怀	忧	怅	快	忙	怪
宀	宝　盖		宁	它	宇	守	宅	字	家
辶	走　之		辽	边	过	达	迄	进	运
灬	四点底		杰	点	热	烈	羔	烹	煮
穴	穴宝盖		穴	究	穷	空	穹	突	穿
冫	两点水		冲	冰	决	冷	冼	凌	冯
丷	倒　八		兰	半	并	关	兑	弟	卷
火	火字旁		灭	灰	灯	灯	灿	灵	炮
户	户字头		启	所	戾	肩	房	扁	扉
心	心字底		必	志	忘	忍	态	念	忽
疒	病字旁		疗	病	疡	疣	疫	疯	症

图五十　起笔为“点”的偏旁组字书写练习（1）

立	立字旁		产	妾	竖	亲	彦	竞	竦
衤	衣字旁		初	补	衫	衩	袄	袖	被
米	米字旁		类	籼	籽	娄	粉	屎	粘
礻	示字旁		礼	社	祎	祖	神	祕	祥
广	广字旁		庄	庆	床	库	应	庐	店

图五十　起笔为“点”的偏旁组字书写练习（2）

3. 起笔为“横”的偏旁，共有11个

艹	草字头		艺	艾	节	芋	共	芍	茇
木	木字旁		术	本	札	机	权	朱	朵
扌	提手旁		扎	打	扒	扛	扣	托	扫
王	王字旁		玻	全	弄	玖	玛	玩	玮
厂	厂字头		仄	厅	历	厄	厉	压	厘
土	提土旁		考	寺	圪	圳	老	地	场
大	大字头		奇	夯	夸	尖	头	牵	美
车	车字旁		轧	轨	转	轭	斩	轮	软
页	页字边		顷	项	顺	顽	顾	颓	颂
走	走字旁		赵	赴	赳	起	趁	趋	超
雨	雨字头		雪	雷	零	雾	需	震	霜

图五十一　起笔为“横”的偏旁组字书写练习

4. 起笔为“横折”“撇折”或“横撇”的偏旁，有6个

女	女字旁		女	奴	奸	妇	妹	姑	娃
纟	绞丝旁		红	纣	纥	级	纪	纯	纱
又	又字旁		支	友	劝	圣	对	戏	观
阝	双耳旁		邓	邦	邪	邡	那	队	阳
弓	弓字旁		弓	引	弗	弘	弛	张	弥
子	子字旁		孔	孕	孙	孝	孚	孜	亨

图五十二　起笔为“横折”或是“横撇”的偏旁组字书写练习

5. 起笔为“竖”的偏旁，共有8个

口	口字旁		口	古	右	叶	史	兄	叫
囗	国字框		因	图	团	国	固	囵	园
门	门字框		门	闪	闭	闯	闲	间	阆
日	日字旁		日	早	旦	旬	旷	杳	旺
目	目字旁		目	盯	盼	盲	眨	眗	看
虫	虫字旁		虫	虬	虱	虹	虾	蚁	蚂
刂	立　刀		刈	刑	列	刚	创	刎	判
足	足字旁		趴	跌	距	跃	践	跑	跨

图五十三　起笔为“竖”的偏旁组字书写练习

铅笔字标准楷书的书写方法教学指南

一、铅笔字楷书书写的笔程

毛笔书法的笔程关系涉及用笔，比较复杂，不仅有顺锋入笔、侧锋入笔、逆锋入笔等多种方式，而且不同的书家有不同的用笔方式。而对于铅笔字、钢笔字的书写，笔程关系就简单了，起笔、运笔、收笔，就这样三个环节。

1. 起笔

铅笔字楷书起笔大都是采用顺锋入笔的方式，前面提到了入笔后有一个轻轻压笔的力道，由此形成一个斜头，这是最便利的一种方式。

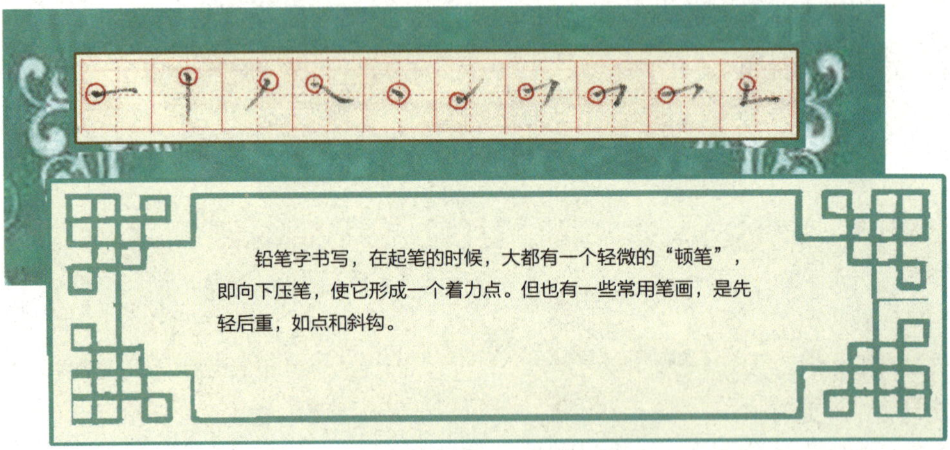

图五十四　铅笔字的起笔

2. 运笔

运笔是指书写的过程。它或轻或重，或疾或徐，或上或下，是书写过程中最为活跃的技法。铅笔字楷书的运笔，需要注意的要点有横画的斜度，竖画的挺直。另外就是要克服一个通病——运笔用力太大，这也是为什么小学生们都采用刻画的方式书写。

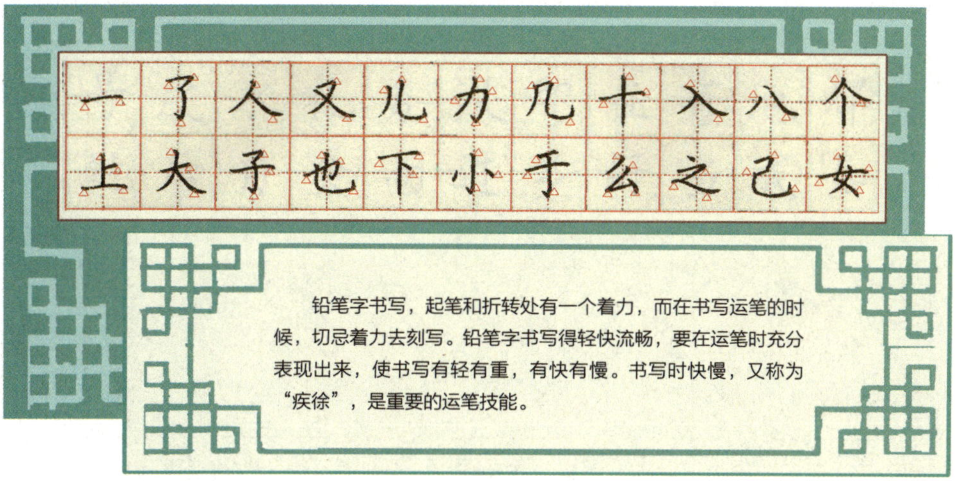

图五十五　铅笔字的运笔

3. 收笔

毛笔字书写，讲究的是藏锋护尾，就是说在收笔时要尽可能将笔锋敛卷收回。铅笔字的书写，只要注意是出锋还是收锋即可。

在铅笔字的单字书写中，还要注意引导学生注意字的大小比例。大小比例的控制，涉及书写行为认知中的观察力、分析比较能力，以及艺术表现能力的培养。因此，对字大小比例的控制也非常重要。

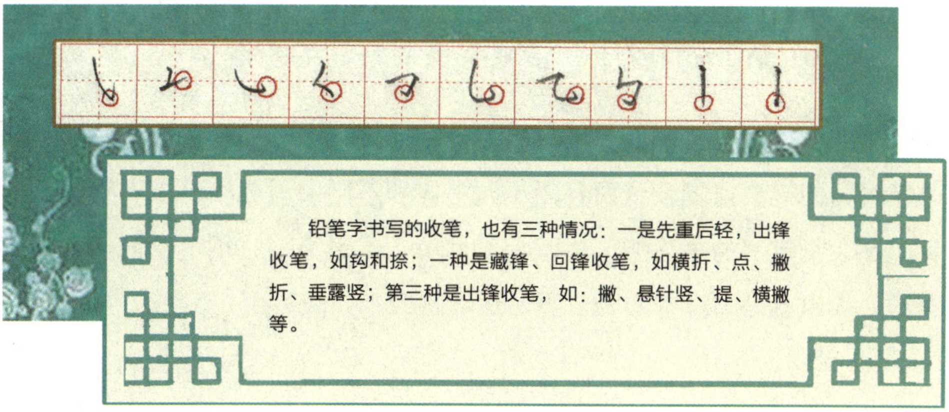

图五十六　铅笔字的收笔

一	二	三	上	口	目	耳	手	日	田	禾
虫	云	山	八	十						
了	子	人	大	月	儿	头	里	可	东	西
四	是	女	开							
水	去	来	不	小	少	牛	果	鸟	早	书
尺	本	木	林	土	力	心	中	五	立	正
在	后	我	好	长	比	巴	把	下	个	雨
问	有	半	从	你	才	明	同	学		
自	己	门	衣	白	的	又	和	竹	牙	马
几	只	石	出	见	对	妈	全	回	工	厂

图五十七　铅笔字单字书写范例

二、微格训练教程四：铅笔字楷书书写的笔法运用

笔法，不仅毛笔字的书法有，铅笔字、钢笔字的书写也有。不过，毛笔字书写的笔法很复杂，而且因不同书体和不同书写风格，多有变数。而铅笔字、钢笔字的书写的笔法就相对简单了。铅笔字、钢笔字的标准楷书书写，大致就是书写中的轻、重、运、顿四个技法运用。

1. 轻与重，是汉字书写最为基本的用笔要求

轻与重，是一组相对概念。没有轻，重也就无从表达了。同样，没有重，轻也就消失了。

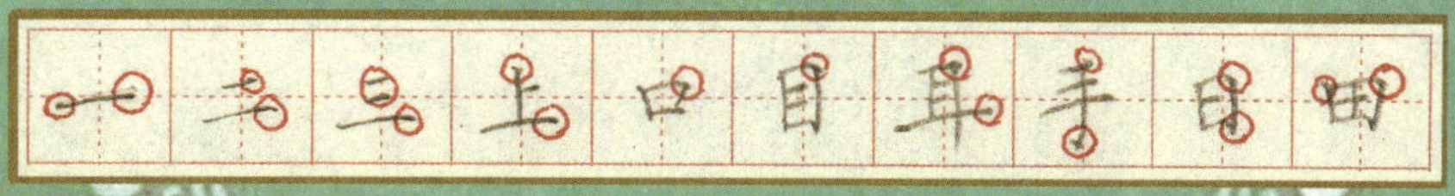

铅笔字的书写，在起笔、折转时，需要有些微微的停顿，并加大一些书写力度，由此形成重心的平稳。但切忌用重笔全力书写，这样容易形成过于沉重的笔画，破坏了书写的流畅。

图五十八　铅笔字书写用笔的轻重表达

在钢笔字、铅笔字的书写中，最简单的是轻重的表达，最难的也是轻重的表达。因为仅仅从规则上去认识，确实是极为简单的一件事；但要掌握好轻重的书写表达，则需要系统的、较为长期的训练，这就是困难之所在了。现在，从小学一年级开始书写铅笔字，有重无轻成为书写上的主要形式。由此，出现了以刻写来代替书写的问题。

在小学三年级后的钢笔字书写中，因为沿用铅笔字的沉重刻画方式，也就一以贯之，使我们的书写在有重无轻的状态中持续，成为一种常态。

2. 运笔和顿笔的书写表达

有轻无重，会导致铅笔字的书写笔迹单薄，辨识有些困难。比如图六十的第一排，就是采用有轻无重的方式书写的，字轻飘飘的，显得无力。第二排是有重无轻的表达，写出来的字硬邦邦的，没有了勃勃生机。这是小学生书写的主要问题所在。第三排，则是有轻有重的书写表达。这样的书写就有了自然流畅的书写之美，而且长时间地书写也不会使人感到疲劳。

铅笔字有轻有重的书写表达，重点在于掌握好运笔和顿笔。运笔是笔的运动。运笔时，一般用力较轻，就像我们走路，不需要特别费力将每一个步伐都要踏出响声来。而顿笔，是运笔过程中的停笔，如在起笔、转折处的揉停、揉旋，以及钩出、趯出前蓄势待发的转停和揉旋。这些停顿都

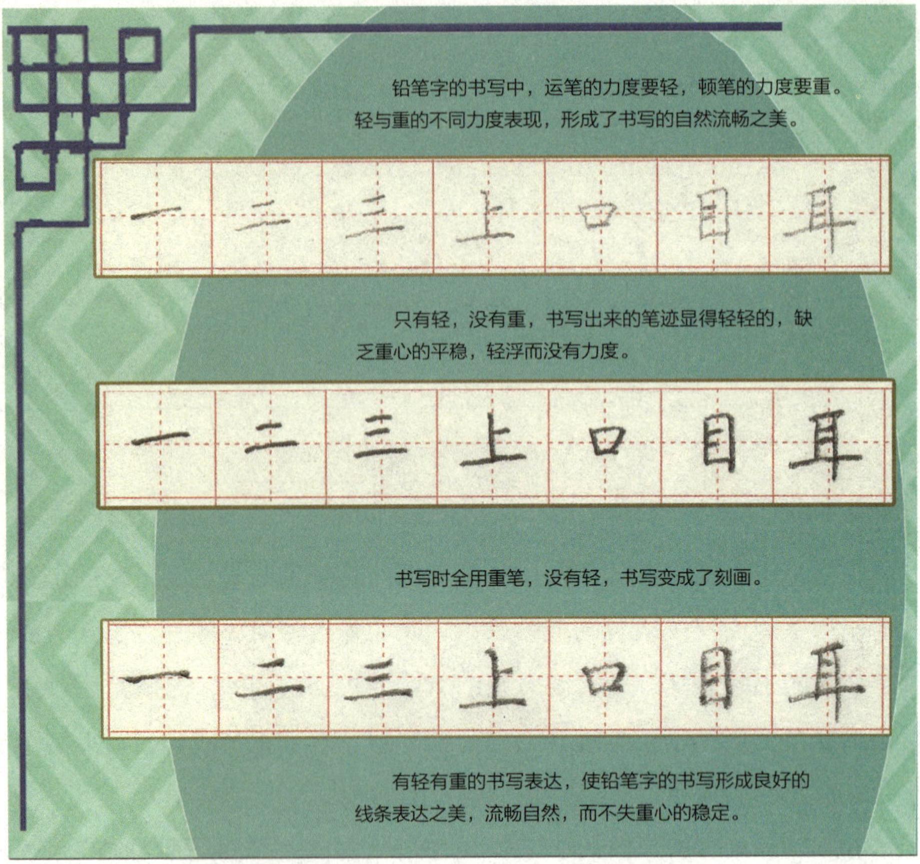

根据上图，使用B或2B铅笔，在格子里进行用笔轻重的书写体验。

图五十九　铅笔字运笔和顿笔的书写表达

有利于使笔力得以充分体现，也可以使文字的重心平稳得到更好的表现。

铅笔字和钢笔字的书写，虽不同于毛笔的用笔，但汉字结构的特殊性决定了我们在汉字书写时，必须在一些关联处采用特别的用笔方式，以表达不同书体的点画形态的起伏波折。比如，楷书书写，不仅在书写的笔程关系上有起笔、运笔、收笔的要求，而且在转折处、在钩画处、在撇捺处、在挑提之处，也有不同的用笔方式。所以，运笔和顿笔也就自然成了书写中的必要技法了。钟繇提出“用笔者天也”，其中的“用笔”，表达了他对于汉字书写中用笔的讲究。这些讲究，不仅适用于毛笔字的书写，同样也适用于铅笔字、钢笔字书写。铅笔字书写有了轻重和停顿，我们的书写便有了粗细、厚薄、疾徐、顿挫的美感，为今后钢笔字的书写奠定了一个好的基础。

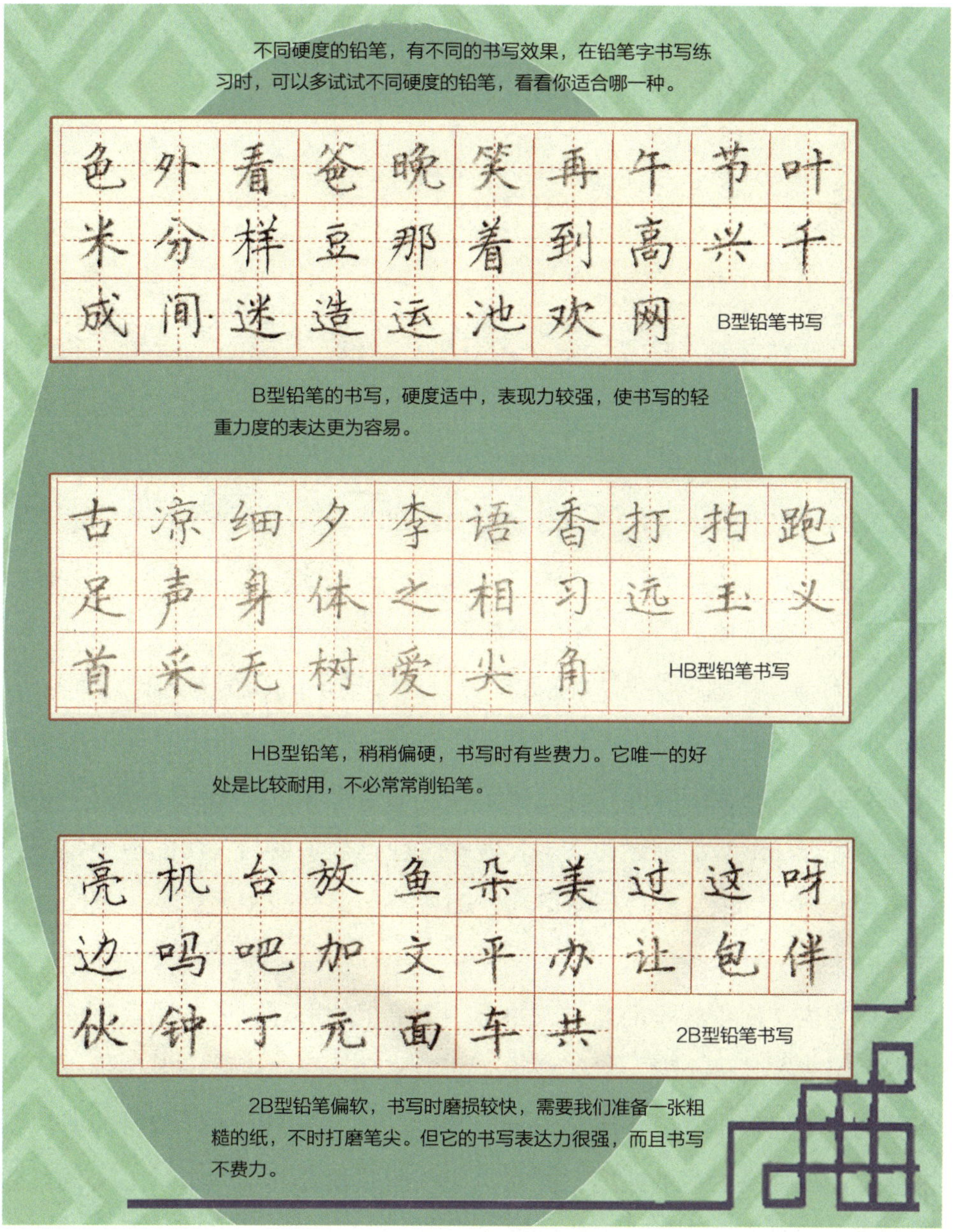

图六十　铅笔字单字书写图例

铅笔字标准楷书组字练习教学指南

一、铅笔字楷书的笔画笔顺

汉字具有字形、字音、字义三个基本要素，是完全不同于字母文字的，独具因形见义的特点，也是一种有特殊建筑美的文字体系，拥有独特的造型之美、意象之美、形变之美。

方块字的书写是一种线条组合的美，并由此构成了汉字在造型上的审美构架。同时，这种造型方式又具有极为强大的可塑性、变异性，这都是其他文字，尤其是字母文字难以实现的。

小学一二年级的学生，初学写字，最为要紧的在于书写的规范。所以，小学语文教材采用了完全没有任何书写个性的电脑楷书字库为范本，引导学生按照规范书写的要求进行书写。在书写时，要完全按照22个常用笔画，处理好书写的笔顺关系。其实，这种笔顺关系与古法的笔顺是不一样的。准确而言，它应该属于笔序，即按照规定好的程式，统一顺序进行书写。

作为语文课程教学的要求，小学生铅笔字的书写，应按照笔序的程式进行书写。尤其是小学一二年级学生的铅笔字书写，更要一笔一画，不能有所变异。但在小学三年级进入钢笔字书写时，按照语文课教材的书写要求，要逐步提高书写的速度，同时也应该按照教育部《中小学书法教育指导纲要》的要求，开始学习优秀的传统书法，教师应从快捷和流畅书写的角度去引导学生的钢笔字书写。这时，便是汉字书写被弘扬和承袭的最佳时段了。

这一时段，是按照古八画和依据古笔顺学习优秀古代经典书法的关键时期。错过了这一时期，已经固化了的死板的拼凑书写方式，会极大影响流畅书写的学习效果。所以，我们的建议是，有条件的学校和家长可以安排学生用铅笔临写唐代的楷书书法作品。柳公权的《玄秘塔碑》和欧阳询的《九成宫醴泉铭》都适合铅笔字的书写。我们在本书的第六章，也列出了一个柳体铅笔字书写的范例，供大家参考。

二、微格训练教程五：汉字的结构和组合方式

1. 独体字和合体字

汉字是个庞大的系统。《新华字典》收录的汉字中，常用字为7000多个，而《中华大字典》则收录了50000个汉字以上。这样庞大的汉字系统由两种文字组成：独体字和合体字。

独体字，又称为“单体字”。

独体字，就是基本不能分解开来，独立存在的文字，如：“丁”“大”“儿”“耳”“个”“女”等。它们应该是最早出现的汉字，主要是由象形、会意、指事这三种造字方式形成的文字。

合体字较之于独体字，造型上的表达更为丰富。

在小学语文课程的教学中，从一开始，就要接触到合体字的书写，如一年级上册《写字表》中的“林”“把”“的”“和”“妈”等。而在课文中，合体字的运用就更加多了。如一年级上册第十四课中的文字：“小蜗牛爬呀，爬呀，好久才爬回来。”这句话共13字，就有7个是合体字，而且大部分都是形声字。

现在，我们先看看独体字的临写。

独体字可以说是汉字中最早出现的一类文字，它后来又演化成了合体的部首和偏旁，成了合体字最为重要的部件。有的合体字甚至就是几个独体字拼合而成的，譬如多体结构中的“碧”“嬴”“冀”等。所以，练好独体字，你就熟悉了汉字的结构部件，这对于写好合体字具有极为重要的作用。这就像我们练好了“快弓练习曲”“慢弓练习曲”，对学习小提琴的演奏具有非常大的意义一样。

合体字，是由偏旁部首组合而成的。它们是汉文字体系中最为庞大的字库。其实，多数的合体字都是由一个或多个单体字，再配上偏旁部首组成的。但它们又各具其态，尤其是结构方式相对比较复杂。

大	儿	么	天	长	立	小	一	二
大	儿	么	天	长	立	小	一	二
四	五	金	木	水	火	土	下	日
四	五	金	木	水	火	土	下	日
开	口	目	耳	手	足	山	石	田
开	口	目	耳	手	足	山	石	田
羊	云	雨	风	虫	八	十	白	在
羊	云	雨	风	虫	八	十	白	在
不	乐	文	刀	中	只	巴	鱼	来
不	乐	文	刀	中	只	巴	鱼	来
向	走	未	乃	友	入	心	马	子
向	走	未	乃	友	入	心	马	子
斤	今	了	南	东	西	北	皮	也
斤	今	了	南	东	西	北	皮	也

图六十一　汉字独体字书写

2. 合体字的结构方式

合体字，是由偏旁部首和单体字组合而成的。这种组合方式我们称为“结构”，也称为“结体”和“间架结构”。汉字的结构有多少种？各说不一。按照最为简单的方式解析，大致有七种：左右结构、左中右结构、上下结构、上中下结构、包围结构、品叠结构、多体结构。

（1）左右结构

左右结构是汉字组合的重要形式之一。汉字中形声字的绝大部分都在这个结构体系之中，当然，它也是汉字书写运用最多的形式。

从结构方式上看，我们可以将其分为两个类型：左大右小、右大左小。大多数的左右结构汉字，都是左小右大，如：“什”“动”“地”等左边是偏旁的文字；少数偏旁在右的字属于左大右小，如：“敏”“到”“影”等。

左小右大	什	动	祖	故	地	站	对	清
左大右小	到	邦	鹅	数	教	影	敏	刮

图六十二　左右结构汉字的结体方式图例

（2）左中右结构

左中右结构，比左右结构更为复杂一些，它是由三个并列的部分组成。这类汉字的书写，有三种结构特点：一是左偏右正，即左边是一个偏

左偏右正	傲	拗	御	街	掷	锄	涨
中占地步	徽	檄	撒	衢	激	微	掰
三　　匀	鸿	树	辨	班	衍	辩	粥

图六十三　左中右结构汉字的结体方式图例

旁，右边是一个左右结构的字，如：“涨”“傲”“锄”“掷”等；二是中占地步，即中间部分较大，左右两边相拱护，如：“衢”“徽”等；三是三匀，中间部分相对不大，被两边夹起来，如：“树”“辩”“班”等。

从古法的角度上看，左中右结构的字，重点在于左右的呼应，要呈高低大小拱揖之状，而不能太均匀。这些方法在古法中称为：穿插、向背、相让、补孔、偏斜等。

（3）上下结构

上下结构汉字的结体方式，主要有两类：一是覆盖，即上面罩着下面的汉字，如由宝盖头、人字头等部首组成的汉字。二是地载，即以下托上的意思，如皿、土字底的汉字等。

除了覆盖和地载的方式，在实际运用之中，我们还可以看到一些上面部分很复杂，下面简单的字，如：“夔”“率”“学”等；或上小下大的字，如：“岚”“简”“箭”等；或上下皆由很复杂的偏旁排叠而成的字，如：“饕”“餮”“繁”“警”等。

上大下小（覆盖）	查	昔	合	番	霜	春	奢	宝
上小下大（地载）	思	志	花	装	婆	兹	票	晨

图六十四　上下结构汉字的结体方式图例

（4）上中下结构

上中下结构的汉字，由上、中、下三个部分排叠构成，一般分为中大、下大两种形态。中大，又称为中占地步，是指上、中、下三截采用疏密避让的方式，中间部分比较舒展，上下予以配合，形成均匀的布局。而上下占地，是指字上下将中间部分夹起来，使整个汉字浑然一体。

中占地步	簪	舞	燕	蕃	葬	惹	募	萎
上下占地	霎	鼻	葱	篮	冀	萬	蔑	蕙

图六十五　上中下结构汉字的结体方式图例

（5）包围结构

包围结构又称为内外结构。根据汉字的组合形式，分为四角包、上包下、下包上、左包右、右包左等多种形式。不管是哪一种形式，包围结构的汉字，相较其他汉字，都要写得小一些。尤其是四角包、左包右、下包上的文字。欧阳询提出的“满不盈虚”的概念，就是指包围结构的汉字，布局上要内紧，为内称外。这里的“称”可以理解为“衬”。

四角包	国	围	因	固	团	园	图	困
上包下	同	内	网	再	肉	周	冏	冈
下包上	凶	击	凸	凹	出	画	幽	茁
左包右 右包左	区	匹	巨	原	层	包	句	苟

图六十六　包围结构汉字的结体方式图例

（6）品叠结构

品叠结构是由三个完全一样的部首组合在一起的汉字，如：“品”“晶”“磊”“淼”等。

品字结构	森	品	晶	聶	鑫	磊	淼	叒

图六十七　品叠结构汉字的结体方式图例

（7）多体结构

多体结构，这个结构方式与前面的结构有些重叠，比如多体结构的汉字“翼”“冀”“暨”“碧”，同时也是上下结构，只不过它的部首都是一个单独的汉字。在书写这类汉字时，要善用偏斜、穿插、补空的方法，在布局上注重平稳，不失重心。苏轼认为这里也有一个“小大成形”的问题：“大字难于密结而无间，小字难于宽绰而有余。”

多体结构	鋆	碧	翼	孵	勰	糞	鏖	镌
	翼	镞	靿	煜	號	逮	叠	趌

图六十八　多体结构汉字的结构方式图例

铅笔字标准楷书的篇章段落书写

一、微格训练教程六：铅笔字楷书书写教学的几种方法

小学生语文课程的书写教学，在一二年级，主要在于生字的书写、生词的书写、单句的书写练习。

对于田字格的书写，教师要注意引导学生观察力的养成。在田字格中书写，重点在于找准点画的定位。定位分为首画定位和部首偏旁对位，首画定位教学的重点在于引导学生根据起笔的位置、大小，来协调布局汉字的间架结构。而部首偏旁对位教学的重点则在于引导学生通过观察比较，来协调不同结构方式的汉字布局，使他们通过笔画、偏旁的位置，来对汉字进行比例上的协调处理，学习最为基础的单字造型能力。

汉字的间架结构，是汉字的结构方式，书学上称为“字法”。启功先生曾赋诗阐述他的意见：“用笔何如结字难，纵横聚散最相关。一从证得黄金律，顿觉全牛骨隙宽。”他的意见是，汉字的结构方式很多，学习也绝非一蹴而就，要坚持长期学习和练习，当你真正掌握了汉字书写的结构方法，那时候就像庖丁解牛一样，任你自在地发挥。

图六十九　铅笔字单字书写范例（首画定位练习）

铅笔字临写练习。这种方式在于练习偏旁部首在坐标位置中的对位，如“沙”字中的右竖，从右上格上位起笔，在右下格的上位收笔，等等。

图七十　铅笔字楷书单字的书写范例（部首偏旁对位练习）

二、微格训练教程七：小学生标准楷书章节篇章书写

在小学二年级下册，开始出现“写话”，即章节的书写表达。如第八课《彩色的梦》作业要求：“你想用彩色铅笔画些什么？试着仿照第2小节或第3小节，把想画的内容用几句话写下来。”同时还出现了一些填空题，如第九课《枫树上的喜鹊》练习第二题。这类作业采用的是横格，没有了田字格的帮助，学生书写起来就要困难得多了，尤其难以控制字的大小。

教师在教学指导时，可以引导学生用尺子轻轻地在横格上标出大小均等的浅色的点和横，同时引导学生将文字写在横格的中间。

第五章

正字卷二：中小学生规范汉字的书写教学指南

褚遂良楷书

小学生铅笔字楷书临书仿写，也是一种积极的学习行为

小学生的铅笔字书写，应以语文教材规定的标准楷书为范本。但对于一些喜欢书法的学生，家长往往也会安排他们学习毛笔字楷书和硬笔字楷书。笔者认为，小学生在语文课程规范书写的同时，接受一些书法的启蒙，不仅是必要的，而且具有非常积极的意义。这有利于学生通过书写来欣赏汉字之美、书法之美的艺术审美理念，对于学生的成长具有十分重要的意义。

但学生的书写目的一定要明确，学习指向一定要科学，不然往往会适得其反。比如，学校语文课程明确要求要规范汉字书写，要根据语文课程的教学要求学习楷书。你却别出心裁，安排自己的孩子去学习书写隶书、篆书，这就完全打乱了学校语文教学识字认字写字的安排。

据统计，95%左右的家长认为，学习硬笔书写更为重要。但是一二年级的小学生如何学习硬笔书写?

硬笔书写学习应符合三个基本要求：首先，必须符合小学语文课程的识字写字的要求，规范书写汉字，不能另搞一套；其次，学习的书体和技法，必须有利于语文课程楷书书写；第三，应符合儿童汉字书写的教育传统，有利于他们今后的行楷书学习。

我们的建议是：使用铅笔临写楷书，柳公权的《玄秘塔碑》、欧阳询的《九成宫醴泉铭》等书帖，应该是最好的选择。汉字的书写，不管是铅笔字、毛笔字，还是钢笔字，笔法始终是最为重要的学习内容。小学语文作业本上的书写，往往是学生对教师的黑板书写的模仿，根本谈不上“笔

法”，而学习柳体、欧体的笔法，当然是妙不可言的了。另外，汉字书写也很注重于“字法”——汉字的结构。初学汉字的学生仅仅按照课本上的印刷体书写，当然只能是依葫芦画瓢，不可能写出好的字形结构来的，反而有可能画虎不成反类犬，搞得四不像，为今后的规范化书写带来极大的困难。而学习柳公权、欧阳询楷书来写毛笔字，难度太大，加之又是大字书写，学两年也写不了几十个字，短期内不可能对学生应用书写能力的提高有大的帮助。

在小学一二年级使用铅笔书写柳公权、欧阳询楷书。到了三年级，可以使用钢笔了，就可用钢笔书写褚遂良楷书。由此循序渐进，小学毕业时，学生不仅能写一手好字，还可以读懂《玄秘塔碑》《九成宫醴泉铭》，为初高中语文课程的古文学习打下了深厚的基础，岂不是一举两得？

因此，我们认为小学生的汉字书写应由三个阶段组成：一是根据课程

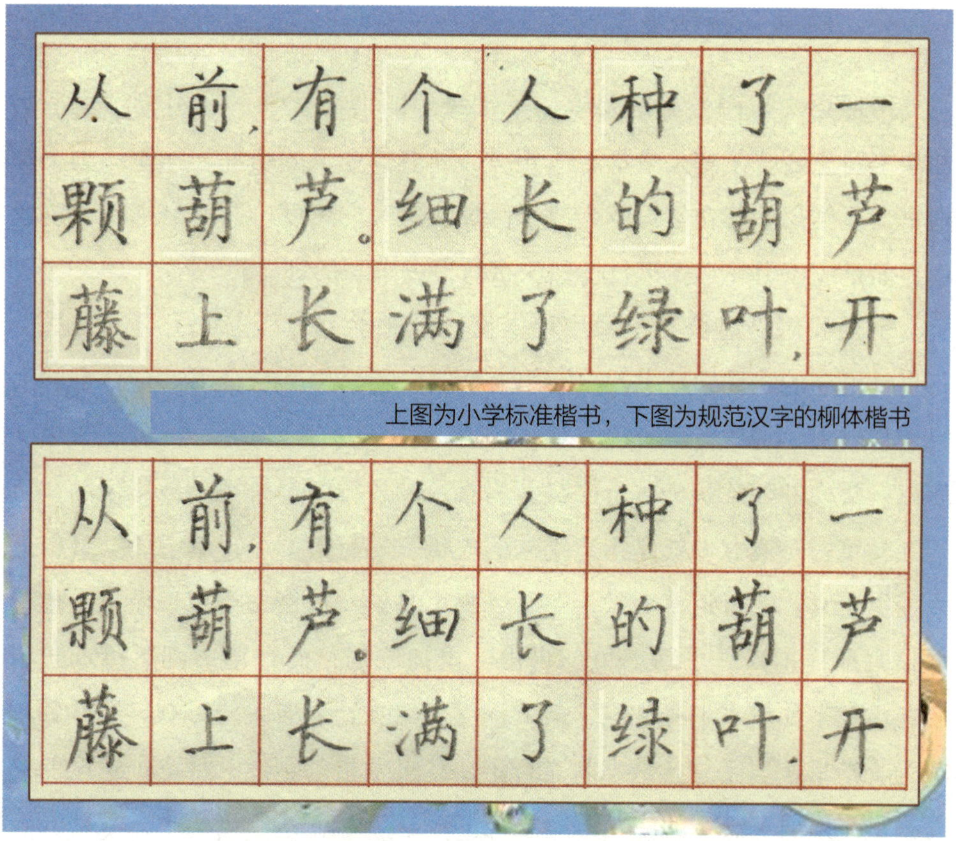

上图为小学标准楷书，下图为规范汉字的柳体楷书

图七十一　铅笔字书写出来的标准楷书和柳体楷书

教学的要求，课堂上练习课程规定的标准楷书书写；二是利用学校延时班教学或跟随名师学习柳公权、欧阳询楷书的铅笔字书写；三是小学三年级以后，使用钢笔字书写褚遂良《雁塔圣教序》。这就是最好的小学阶段的“正字”的学习方式。

这样的方法，不仅不脱离小学语文课程的教学要求，同时也从读经典、学经典、写经典的角度，去接触古代儿童教育最为成功、最为经典的传统——儿童书法蒙学。

小学生钢笔字行楷书书写的线条表达

一、楷书、行楷书、行书与草书

按照语文学科教学的要求，三年级后的书写教学，要引导学生适当加快书写速度。尤其是小学五六年级，随着作业量的增加，一笔一画书写楷书，显然是不符合学习的需要了。加快书写的速度，并不是加快拼凑速度，而是应该引导学生进行一些汉字行楷书书写的训练。

前面我们已经提到了采用褚遂良楷书对学生书写进行引导的方法。行书是楷书的一种快捷书写。行书有两类：行楷书和行草书。行草书的书写难度较大，书体自由奔放，学生需要很长一段时间练习才能有所成绩。所以，清代刘熙载认为：行书又分为真行和草行两个大类。他所说的“真行”“草行”概念，就是指行书的两大类——行楷书、行草书。“真行近真而纵于真，草行近草而敛于草”，意思是说：行楷书类似于楷书，但不像楷书那样拘谨，书写上更加自由，更加流畅；而行草书则更接近于草书，虽然不如草书那样放纵，但辨识度已经受到了极大的影响。所以苏轼认为，楷书相当于立，行书就是行走，草书就是奔跑。三种不同速度的书写，最终形成了汉字的应用书写系统。

如果说加快书写速度，就是用奔跑的方式来书写楷书，那就真是极为幼稚的、可笑的提法。

刘熙载认为：“行岂可同诸立与走乎？”意思是说，在书写上，怎么可以将“走路”等同于“站立”与“奔跑”呢？

二、褚遂良行楷书法的线条变化

行楷书之所以成为两千年来应用最为广泛的书体，正在于这种书体的书写方式具有快捷、自然、流畅的特点，而且具有等同于楷书的辨识度。

以唐代褚遂良的《雁塔圣教序》为例，我们可以看到楷书过于规则、僵直的线条，在他的笔下变得非常活泼、流畅。这种线条形变和异变，使褚遂良的行楷书在点画形态上更具丰富的表达能力。他的书法因此成为历朝历代竞相推崇的应用书体，被誉为“字里金生，行间玉润”。

1. 直线与弧线的形变

汉字除了“隶篆”外，无论楷书还是行书，横都是一条微微倾向右上的斜线。而褚遂良在书写横时，将这种斜线改变成为弧弯线，使点画的形态变得更加生动。褚遂良的楷书不仅在横画上采用斜线、弧线，在竖画上也作了一些弧形的延展，大大丰富了横、竖这两个线条的表现力，并使点画形态的表达更加流畅自然。

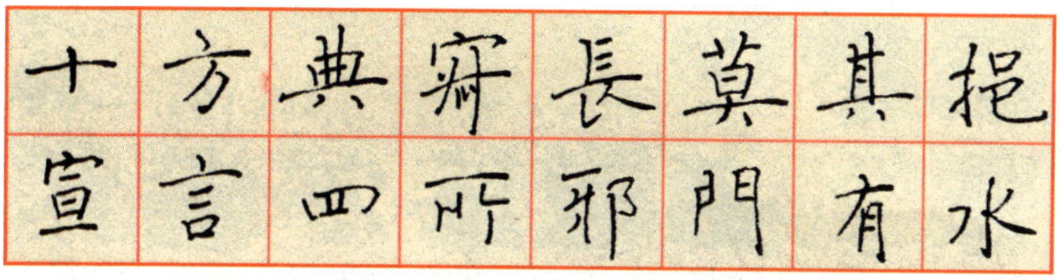

图七十二　直线和弧线的形变

2. 斜线与弧线的形变

斜线是汉字书写中的一种常态，尤其是横画，不仅笔笔斜，而且斜度不同，粗细不同，长短不同，由此而产生了极为丰富的线条变化。弧线的应用，除了撇、捺外，也可在横、竖、折等笔画中应用。斜线和弧线的应用，是我们书写中最难以掌握的点画形态造型技巧，尤其是弧线，书写时不能太慢，慢则僵硬。褚遂良的《倪宽赞》在笔法运用上的“疾势和掠笔”笔势与笔调，用于现在的钢笔字书写更是妙不可言。

图七十三　斜线与弧线的形变

3. 长线与短线的形变

汉字笔画的长、短是相对的，所谓“尺有所短，寸有所长”就是这个道理。在汉字的构架中，不仅横画有长短形变，而且所有的笔画都在长与短的相较中有形变，包括点画和钩画。我们在书写中要注意观察和比较，将它们的区别找出来。

褚遂良楷书书体在线条长短的应用上是比较恣肆的，正因为如此，翁同龢曾谓之“浮”，陈玠谓之“字里金生，行间玉润”，可见书法也是“仁者见仁，智者见智”。

而褚遂良楷书书体的独特韵律，正是通过长短线条的异变，极大地丰富了笔调上同型异态的多样化表达。

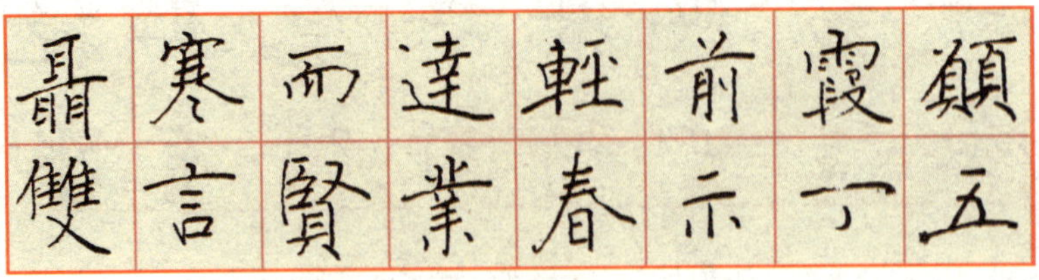

图七十四　长短线条的形变

4. 粗线与细线的形变

钢笔字线条的粗与细，也是相对的，书写时用笔的强弱和疾徐，均会形成不同的轻重线条。线条表现出来的轻重，有如我们歌唱时对于轻重音的处理，这也是书写中极为重要的手法。

褚遂良楷书书体粗细线条的变化，不仅仅在于点画之间，即使在同一笔画中，也是变化极为丰富的，尤其是他的长横、长竖，几乎将一波三折用到了极致。钢笔字书写运用的这一技法，对于我们笔下的力度掌控练习至关重要。

图七十五　粗细线条的形变

5. 角与弯线条的形变

汉字中的角和弯，体现了汉字构成中刚柔相济的美学意念，它是汉字书写美的重要体现。所谓“角”，就是我们在书写时因笔锋的折转而形成的尖角，一般都呈锐角状态。汉字的行楷书写中，不是没有直角与钝角，而是用得极少，使用的难度很大，初学者最好避免这种情况。

“弯”在汉字书写中有两种表现：一种是运用极为广泛的弧弯，另一种是只在弯钩、竖弯钩中出现的有很大幅度的弯转。行书中的“折”，甚至多个笔画之间的勾连和引带也常常运用“弯转”的技法，当然这些技法有一定的难度。

褚遂良楷书在角与弯的书写上极具特色，正是因为他将许多折转形变为“弯”，所以他的楷书更具有行书的意韵，显得更加流畅自然，更加利于钢笔字的临书仿写。

图七十六　角、弯的线条形变

初高中生、大学生行楷书法的学习指向

一、初中以上学段学生汉字书写的学情分析

初中以后，因学科增加、作业量加大，学生的书写速度如果跟不上，就非常被动了。所以要提前做好安排，由小学阶段的楷书书写转换为行楷书书写。不过，由于多年的常用笔画组字的训练，学生已经适应了采用22个常用笔画来拼凑书写，而要转换为行楷书的书写，必须回归于传统的古八画组合。行楷书的笔程关系，使汉字书写的线条能够“活”起来，形成流畅自然的书写。

初中以上学生的书写，很大程度上是针对中考、高考书写要求来进行练习的。从书写的格式上看，初中以上学生的书写大致分为作文体书写、笔记体书写。其中笔记体书写使用最为广泛，不仅仅局限于语文，还涉及其他所有学科，所以学生书写情况将极大影响考试的成绩。

二、规范汉字行楷书法的学习指南

1.规范汉字书写格式上的三个要求

在方格纸上，按照现代汉语格式要求书写行楷书，既是初高中学生必须练习的一种书写方式，又有助于增强学生对于汉字单字造型美的认知。行楷书书写的练习，能提高学生对汉字单字造型美的观察能力，提升他们的书写表达能力。在练习时，学生要更多地注重于用笔的笔法、笔韵、笔力。同时由于是横排书写，使用简化字和现代汉语的标点符号，也是必须注意的。所以初高中生规范汉字书写有三个要求：一是使用规范汉字，即简体字；二是横排书写，注意段落前的空格；三是正确使用标点符号。

图七十七　方格书写的行楷书

2. 行楷书中笔画的归并与省略

单体行楷书，不同于楷书。楷书书写为了符合重心平稳的要求，采用一笔一画的方式书写，而且还必须符合语文课本22个常用笔画的排列要求，在居中、对称、匀称、比例方面都有一些特别的讲究。但由于书写速度的问题，楷书书写显然是不能适应中学生们的书写了。而方格中的行书书写，则避免了楷书书写的速度太慢、结体过于死板僵直、笔法要求上布白等问题，因此行楷书是应用书写最为漂亮的一种书体。

总结起来，行楷书的方格书写的笔法，大致有三个要点：一是单字造型上更加注重于主次分列；二是通过引带勾连等笔法使关联笔画合为一体；三是省略一些繁复的笔画，使书写更加简约。

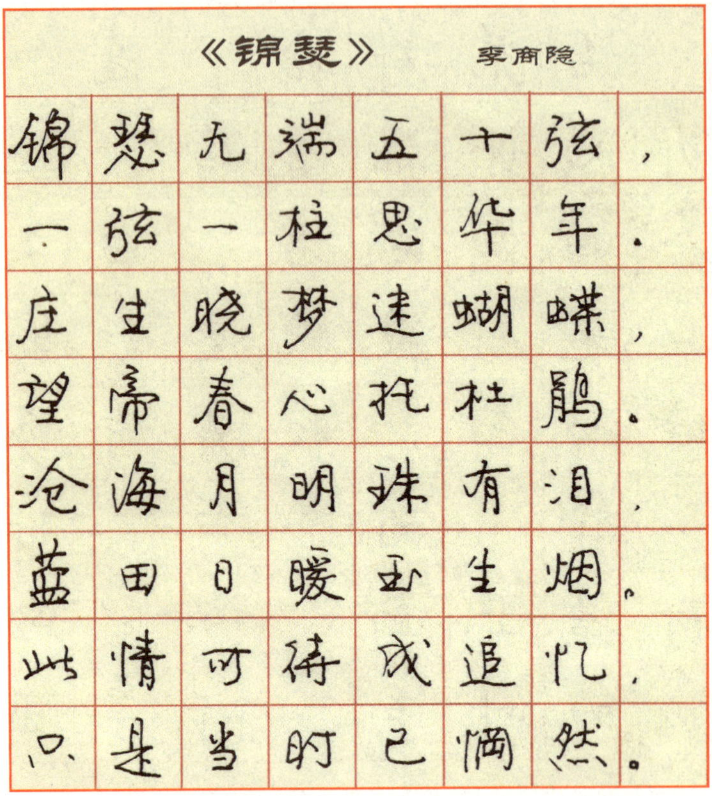

图七十八　方格书写的唐诗宋词行楷书

这种笔画的归并，是行楷书书写最为重要的表现手法。比如："札""扎""咋""砸""咱""杂""吗""海""亥"这9个字，楷书笔画分别是5画、4画、8画、10画、9画、6画、6画、10画、6画。而在方格行楷书书写中，笔画合并后，仅为3画、3画、5画、7画、6画、4画、5画、7画、4画，大约可以减少三分之一，甚至减少一半。笔画书写的大幅减少，必然对加快书写速度产生极大影响。

图七十九　楷书和行楷书笔画的对比图

大小长短，各取其势。楷书的书写，字体的大小大致相同，而行楷书则可以通过改变字体的大小、长短、疏密、斜正，达到更好的书写表达效果。

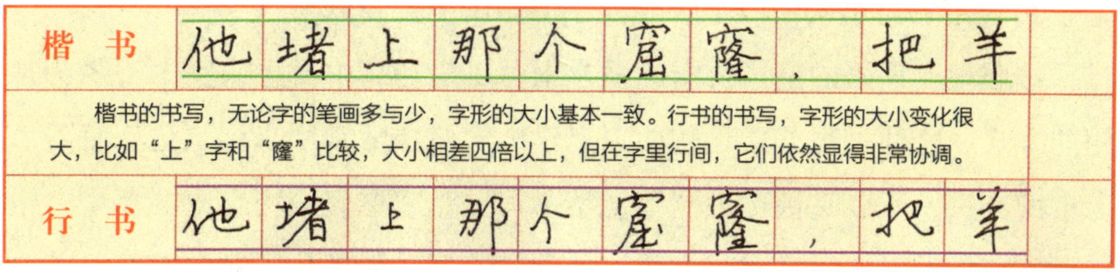

图八十　楷书和行楷书字形大小对比图

点画形态的异变，通过省略、替代使书写变得更加自由。省，即笔画的省略和简化，如三点水和四点水的书写。这种笔法的使用是方格行楷书的书写，使书写更具有快捷的速度。

图八十一　行楷书在笔画上的简略与合并

三、初中以上学生的应用书写主要体现为笔记体书写

1. 应用书写是初中以上学生汉字书写的主要方式

按照现代汉语的格式要求的横排书写，是初高中学生汉字书写最为常用的方式。这种书写方式是初中以上学生学习中常常用来记笔记、复习、考试的方法，所以又被称为“笔记型书写”。它不仅运用在语文课中，也应用于其他学科的惯常书写方式，如课堂笔记、数理化习题的解答、英语翻译、图书备注，以及作业批改、计划修订、笔录等。

钢笔字的横排书写，不仅要按照现代汉语的书写要求，使用简化字、标点符号，还应注意字体的标准规范，写得优美隽秀。同时，书写时还要关注到布白的均衡，不能太满，也不能太空，疏密适当才能使篇章结构给人以美的享受。

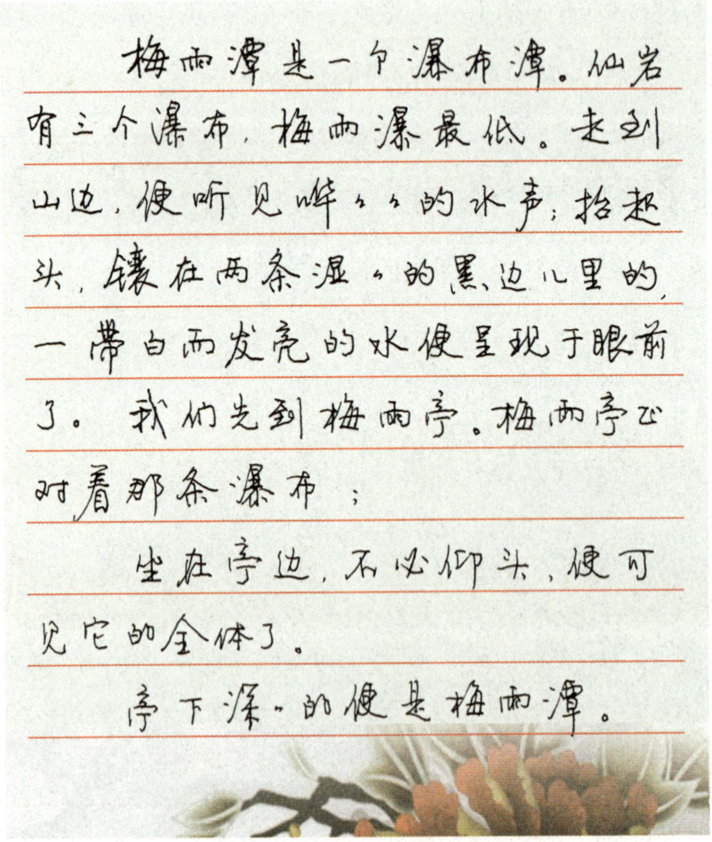

图八十二　行楷书的横排书写范例

2. 行楷书应用书写练习的六个要点

（1）主次分明

汉字的书写，主笔尤为重要，如主笔落败，整个字的书写都难以挽回其败。尽管行楷书的点画形态和体态多变，但主次分明依然是一种非常重要的表达方法。当然，行楷书不同于楷书，楷书的主次是不变的，而在行楷书中，不仅一个字中的主笔可以变，就连一行字中的主要文字也是可以变的。

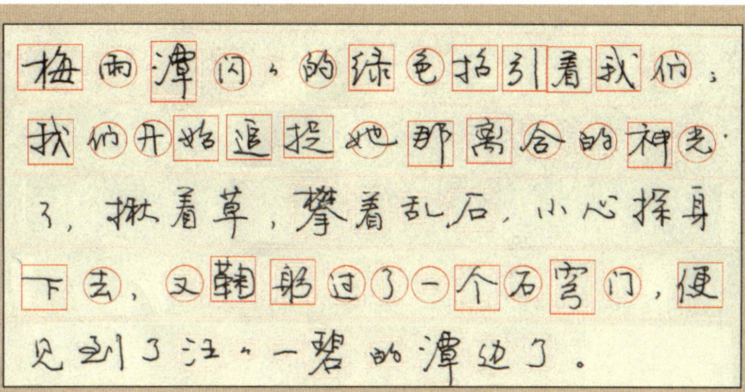

行楷书书写，主次关系非常突出，尤其是篇章之间，每一个字都是音符，或轻或重，或大或小，处理得好就是韵律，反之则是恣肆。

图八十三　行楷书横排书写中的主次

（2）动中求稳

苏轼认为：“楷如立，行如走。”所以，行楷书是一种具有极强动感的书体，由此形成了体态多变的结体方式。每一个字的主次关系，都有可能在书写中相互转换，以寻求良好的稳定性。就如同行走中的人，他的步履的稳定性是通过不断地协调来调整的。这种动态的平衡，是改变由重心不稳形成的歪歪斜斜书写的关键。

汉字的重心平稳，体现在中轴线和平衡线上。尤其是平衡线，需要将所有文字的中宫落在一条平衡线上。

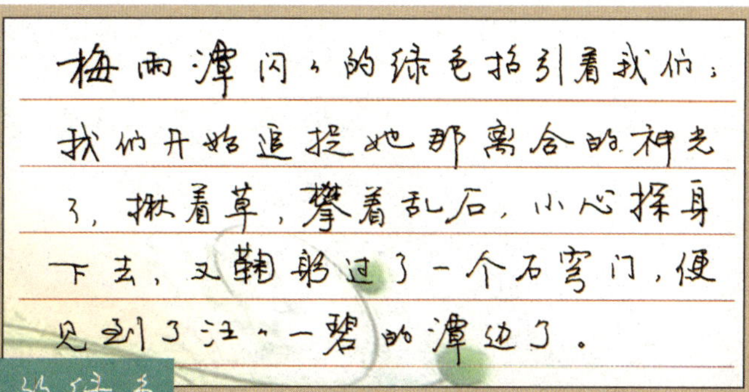

图八十四　行楷书横排书写中的重心平稳

（3）疏密得当

行书书写讲究的是流畅自然，而不是楷书的规范工整。由此，两者在虚实、疏密方面的处理方式也有极大的差异性，尤其是对于“匀称”中的疏密处理，更需要有灵活的变化。这种变化的根基是对虚词在书写上的简化，由此突出重点。

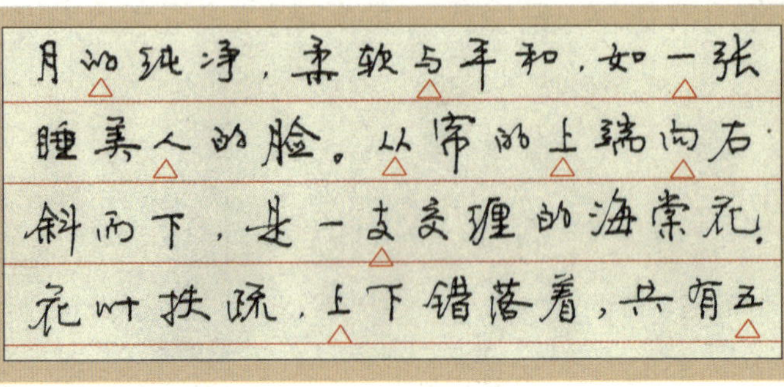

行楷书横排书写中的虚实疏密，分为两种情况：一是大字（笔画较多）的字为实，重点描绘，如文中的“柔软”“纯净”等；二是行间的虚实，将重点词汇写实，其他可以虚化一些，譬如一些介词、数量词等。

图八十五　行楷书横排书写中的虚实疏密

（4）形态参差

行楷书的书写与楷书的书写最大的不同还在于字的形态的变化。汉字是方块字，但方块是有不同形态的，比如长方、扁方、斜方、正方等。这种形态上的变化，楷书也有，在行楷书中却得到了更多的强调，甚至达到了每一个字的形态都会有所变化的地步。也就是说，行书将汉字书写的“同形异态”变化表达得淋漓尽致，使方形的字、长形的字、扁形的字、菱形的字，各得其所，成为书写乐章中的一个个音符。

行楷书的书写，就是将楷书的重心平稳作为字里行间的基点，形成着力点。而行楷书书写作为一种自然的“扬逸”，使书写形成动静相宜，疾徐相合的流美的气韵。由此，我们的书写就变得灵动活泼，不再是刻板的表现了。正如王铎所言：“故善师古者不离古，不泥古。”比如文中带有□的字偏于楷书，带△的字偏于行书。

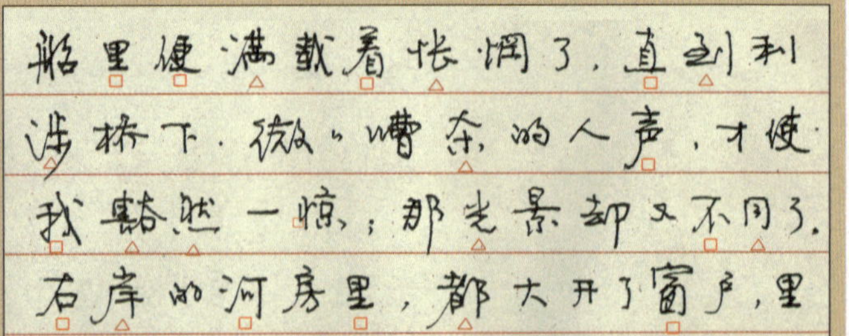

图八十六　行楷书横排书写中的字形的变化

（5）曲直相映

行楷书的书写有一个很大的特点，即采用曲线组合来促成点画间的转化。一些在楷书中需要许多笔画才能表达出来的字，被行楷书用曲线、弧线、角线、直线勾连后，变成了简捷流美的线条组合。这样既不影响文字的辨识度，又能让人很快捷地进行书写。行书中的曲线、弧线的运用，要求流畅自然，柔中带刚，使书写中的回旋、错落显示出富有动态美感的力量。

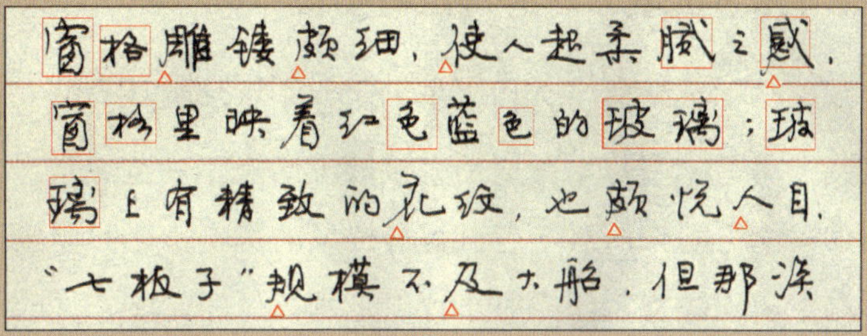

图中标注△的字中，所有的撇都不一样。

在行楷书横排书写中，同样的字，在点画形态上和字体字形上也应有所变化，书学上称之为“同字异形”；而同样的笔画，尤其是常用的横竖折捺之类的笔画，也要有所变化，称之为“同形异态”，以避免雷同。

图八十七　行楷书横排书写中线条的运用

（6）厚薄相映

点画的粗细之分，也是行楷书书写中重要的特点。硬笔书写虽不同于毛笔有用墨上的许多讲究，但必要的用笔技术上的处理也有利于书写美感的体现。比如，我们在书写时有轻，有重，甚至还有一定的反复、回旋的处理。这些都会使点画线条出现粗细的变化。粗的线条所显现的沉稳、遒劲的笔力，与细的笔画展现出来的灵动、流畅，形成一组组相得益彰的对比。这

行楷书法的用笔是极为讲究的。轻重、粗细、厚薄、疾徐，如歌如韵，将书写韵律的变化表达出来。同时还可通过不同书体将楷、行、草融为一体，使汉字书法之美得到充分的表达。

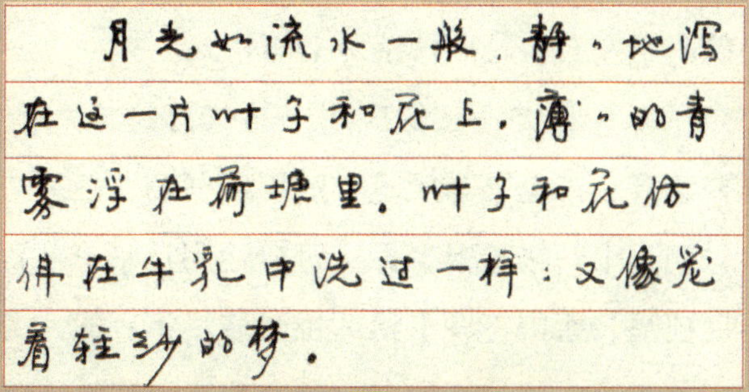

图八十八　行楷书横排书写中用笔的讲究

对于形成书写中的节奏和韵律，具有很大的作用。

中考、高考等各类考试应用书写的教与学

一、中考、高考手书试卷书写的特点与要求

无论是中考、高考，还是考研、公招，手书试卷一直都是唯一的考试方式。现在采用机读卡书写，书写水平更是直接展现出来，一览无余，好坏高下立判。考生书写能力的强弱对于考试评分成绩的影响，不只是卷面整洁、字体规范、易于辨识等直观因素对于评卷老师评价的影响；同时书写速度、错字和别字等因素，以及书写上的混乱，还会极大地影响到考生自己的临场发挥。

试卷书写的好坏，对于试卷的评判影响有多大，这是一个难以说明白的问题。但如果书写卷面整齐美观，书体易于辨识，可以肯定是会得到好评的。甚至有些书写得很好的试卷，还会备受关注，往往会引发“不给高分都说不过去”的“惜才”的评委情结。更为重要的是，考生的书写能力不仅影响语文这一科，而且其他科目也会受到大的影响。

各类考试的应用书写，有横排笔记书写、方格文章书写两种形式。根据高考读题卡：作文格是7.5mm×8.0mm的长方形，行距只有1.5mm；横排条格一般的宽度在8.0mm左右。这样的格式，只相当于现在硬笔书法练习格的一半左右，是一种特殊书写格式。

所以，各类考试的应用书写具有这样六个特点：一是字体要小，排列要整齐；二是书写规范，辨识度要高；三是书写速度要快，字迹清晰易读；四是书写格式上，标点符号运用正确，卷面整洁美观；五是书写的密集度要高，否则答题卡给的位置装不下；第六是书写流畅自然，符合传统的审美意念，这是绝大多数考生都达不到的特殊要求。

这六个特点，不仅涉及书写的能力，还关系到书写时的排列组合，甚

至谋篇布局上的审美体验。

现在的学生，无论是初高中学生，还是大学生，书写能力都比较差，有的还属于相当差的程度。当然，也有一些学生，虽然写的字都属于十分难看的棒棒体，但规范工整，便于识读，虽没有什么书法的美感，但用于考试还是极为有效的。因为他们可以把字写得很小，很快。

根据我们的抽样调查：在高中学段，书写整齐，书写速度快，字体规整的学生往往占比不高。即使在重点高中，也不过25%左右；另有25%属于过得去，虽有这样那样的问题，但字迹清晰，文字辨识度也还是不错的，只是规整度不好；其他50%的学生的书写，就不同程度地存在着较大的问题。

归结起来，初高中学生的应用书写教学，大致有三种情况：有较好书写能力的，需要进行行楷书法的技法训练；有书写潦草杂乱的，需要经过严格的训练，使书写从无序到有序；还有多种问题叠加，书写困难的学生，应有一个整理自己书写的认知训练过程。

有人认为，采用经典书法练习，可以解决存在的类似问题。这种看法说起来好像行得通，实际上则是脱离实际，完全不可行的错误观点。一是因为初高中生已经有了自己钢笔字的书写习惯，要改变这种习惯非常困难，绝非一日之功；二是他们作业压力很大，没有时间慢慢去锤炼自己的书法技艺；三是用于考试的应用书体非常小，排列密集，几乎相当于毛笔的蝇头小楷，这种书写能力，连现在的书法家们都写不出来，何论其他人？

所以，初高中生的考试应用书写的训练，需要一种特别的、针对性极强的，而且又适合初高中学生学习的教学设计。并根据这一教学设计，派生出几种具有不同针对性的教学模式，方能在不太长的时间内，引导学生提高自己的书写水平，以适应各类考试的应用书写要求。

二、初高中学生书写能力训练，应以实际实用为指向

从初高中生的教学要求上看，他们的应用书写主要有两种形式：一种

是横排笔记书写，另一种是小方格中的作文、论文书写。

这两种书写形式，不仅用于平时的课堂学习，也用于各类型的考试。所以初高中的汉字书写，必须符合试卷书写的基本要求，这是一种客观的，不能更改的要求。

前面我们已经谈到，试卷书写的基本要求是：书写速度快、书写字迹小、排列密集度高、书写规范辨识度好、卷面整洁美观，这是不能回避的五个现实要求。这五个要求的实现，不只作用于语文试卷的书写，也直接或间接地影响到其他学科考试的阅卷评审。

为此，初高中学生，包括高校学生报考研究生，以及需要面对公招考试的高校毕业生，都不能回避如何提高自己考试应用书写能力的问题。

这一问题的解决，只有两种途径：一是从小训练自己的书写能力，持之以恒，到了高中，自然有了较强的书写书法能力，但这种学习方式显然不符合绝大多数没有书法基础、没有长期习练经历的同学；另一种是接受针对性很强、渐进式的考试应用书写能力训练教学，这是一种绝大多数学生都能适应的教学方式，这应该是最符合实际的，最具有成功可能性的教学方案。

三、考试应用书体训练，创新书体设计和科学的训练是关键

前面，我们谈到考试应用书写有五个基本特点：书写速度快、书写字迹小、排列密集度高、书写规范辨识度好、卷面整洁美观。这五个书写基本特点，与书法艺术审美上“知白守黑”，舒朗隽秀的章法布局，疏密虚实的笔法、字法要义都是不相适应的，是一种具有特殊意义的书写方式，应该类似于古代蝇头小楷式的考试专用书体。一般的书法技法的学习，一是太难太慢，二是作用不大，甚至与初高中课本教学的现实需求也是不相适应的。

所以，没有必要采用传统的书法教学方式，来进行初高中学生的系统的书法训练。因为这种书法艺术上的训练，满足不了中考、高考试卷的书写要求。在密集度极高、字体极小、文字辨识度极高的要求下，经典的、

传统的书法技法，与这些书写要求是不相适应的，除非你的书写能通过蝇头小楷行楷书的高标准练习，显然，这是不可能的。

通过学情观察和分析，初高中学生在书写上存在的普遍问题大致归结为五类：字迹潦草难以辨识、书写无序粘连严重、任意拼凑点画失态、歪斜严重结体混乱、笔画错乱大小失控。

这些问题的存在，不仅严重地影响了书写的规范、辨识度，以及卷面的整洁，而且会引起评卷上的识读误判，直接或间接影响到整体的得分评价。文科试卷包括语文、政治、史地等科目，书写尤其重要。书写对于数理化、外语的影响，估计要小一些，但一定程度的影响也是存在的。

解决这一问题的关键，在于设计一种具有普遍适用性的考试应用书体，这种书体类似于外语考试上的“衡水体”。学生通过科学的训练，可以在一个不太长的时间内，使自己的考试应用书写能力得到大幅度的提升。

四、麦穗体应用书写训练体系的设计思路和教学实验

麦穗体，是通过对初高中学生汉字书写的学情分析，以及中考、高考应用的书写要求的分析，采用古代蝇头小楷行书技法，对汉字书写的笔画、部首组合、汉字结体要素，针对性地进行排列组合后，形成的一种便于考试书写的应用书体。它具有书写快捷、密集度高、排列有序、字迹规范、卷面整洁五个特点，再配合科学的微格训练教学法，可以不同程度地、较快地解决好初高中考试应用书写的现实问题。同时，它对现在已经具有较好书写能力的学生的书法技艺也具有极好的提升效果。

它之所以被称为“麦穗体”，在于具有排列有序、字迹工整、密集度高、大小适中、易于辨识的特点。这种书体的设计，源于我们对学生学情的分析，也源于对中、高考试卷和答题卡书写的客观要求的分析。

所以，我们面对初高中学生的考试应用书写的教学，应该承认：存在的问题确实不少，不具有良好书写表达能力的学生比例太高，而且他们也不可能有太多的时间去学习书法，更不可能彻底改变自己十多年来的笔画拼凑书写的习惯，去钻研蝇头小楷行书技法。这是不可能的，也是没有任

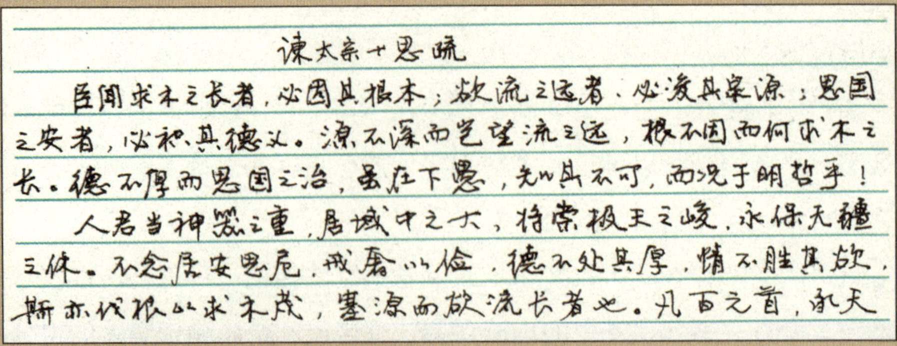

麦穗体书写，是在不改变学生根本书写习惯的基础上进行书写改良的一种应用书体，它的优势在于实际实用，简单易学，并能不同程度地使学生的书写能力得以提高，但前提是学生必须克服不良书写行为的影响，尤其是对于执笔、运笔方法的掌握方面。

图八十九　麦穗体笔记书写范帖

何必要的。

但我们也要看到有利的一个方面，即初高中学生对于有利于“中考、高考”的课程的学习积极性很高，接受力极强。只要训练方式方法符合他们学习进步的要求，切合他们的实际，就可以迅速转化为他们的学习动力。他们在不良书写习惯的矫正上，已经具有自控能力较好、专注力较强的特点，教师易于配合正姿正笔，开展适合于他们书写能力提高的训练课程。

要让中学生的考试应用书写又快又整齐，又不影响文字的辨识度，引入行楷书书写技艺，对原有的书写方式进行局部改良，是唯一的可行之路。麦穗体的设计，便是这样一种书体。它可以使初高中学生的棒棒体书写，经过行楷书技法卓有成效地引带、勾连、穿插、黏合、省略，变得更加快捷，同时，在规范性、可辨识度、卷面整洁方面得到更好的提高。

不过，值得注意的问题是：既然这一课程设置的目的在于按照中、高考试卷的书写要求，进行改良或改善性的书写练习，就不能以传统书法的审美需求去评价教学的成效了，而应该换一种思维，从考试应用书写的要求去设计评价的标准。

问题是采用什么样的训练方法，才能实现快速改善的教学目的？即能不能创立一种易于学习、迅速有效、能够激发学生学习兴趣和信心的教学方法，来用于教学的实践。

我们正在试验的“微格训练阶梯式”教学设计，通过教学目标的设定、个案分析、常模取样等科学方式，对教学安排、教学规程、课业设计、教学指导等一系列教学要素进行排列组合研究，构建了SPW课程训练体系（Standardized Progressive Writing Experience Course），形成一种标准化的渐进式书写体验课程体系。

这种训练课程，将书写训练楔入学生的语文课诗词、古文的背诵之中，在培养学生“手读”习惯的同时，介入格式化了的考试应用书体教学。通过微格训练的渐进式教学，引导学生在书写的学习体验中达到经典古诗词、古文背诵目的的同时，改良、改善自己的书写，大幅度提升自己考试应用书写的能力。由此，构成了语文、思政、史地与应用书写之间的无缝对接。这样即可在不过多增加学生的作业负担情况下，将考试应用书写课程植入中考、高考的课程教学中。

当然，这种方法还需要一个系统的教学实践过程，我们还将在常模数据的收集整理中，对学生应用书写的书体、字体、笔调、排列进行分析，提出可行的教学方案，开展教学实验。

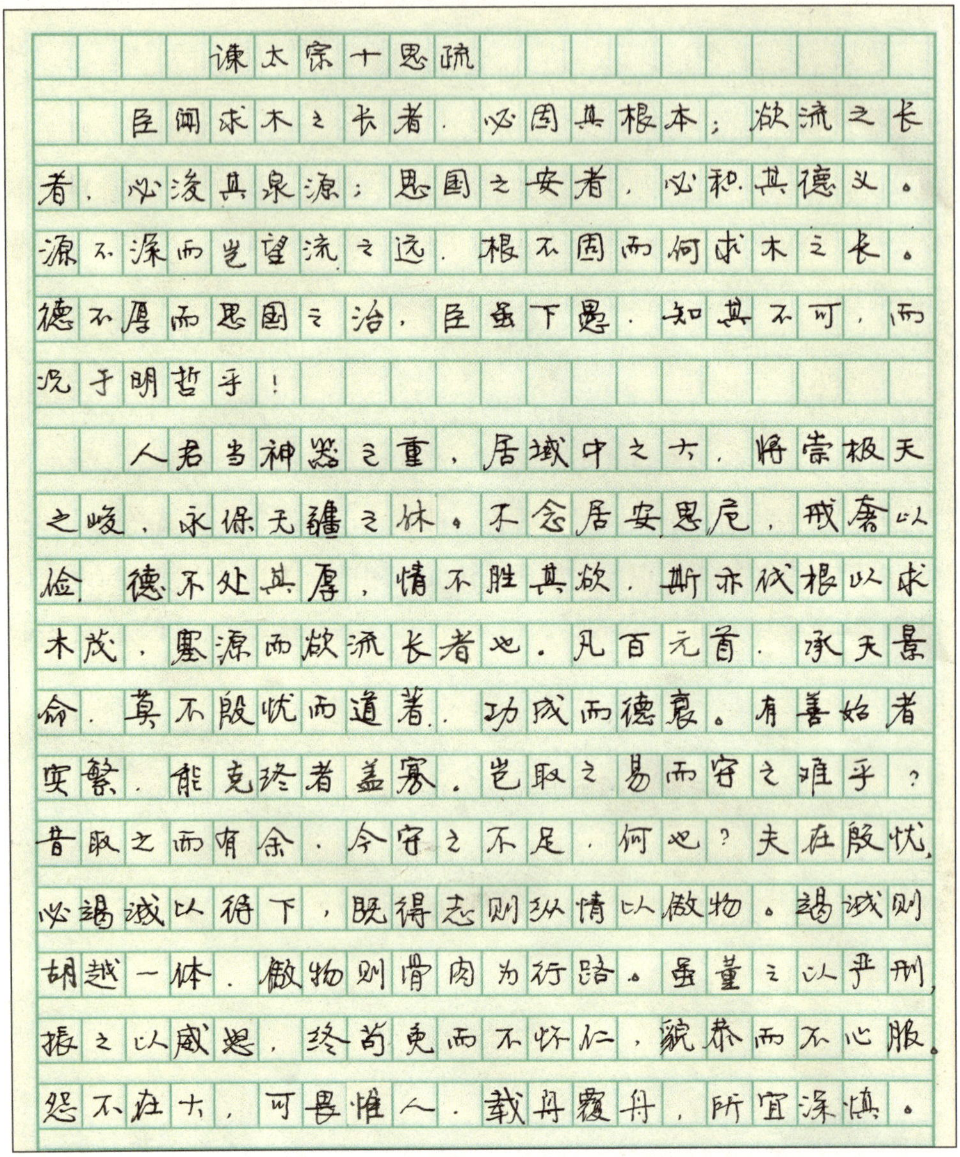

谏太宗十思疏

臣闻求木之长者，必固其根本；欲流之长者，必浚其泉源；思国之安者，必积其德义。源不深而岂望流之远，根不固而何求木之长。德不厚而思国之治，臣虽下愚，知其不可，而况于明哲乎！

人君当神器之重，居域中之大，将崇极天之峻，永保无疆之休。不念居安思危，戒奢以俭，德不处其厚，情不胜其欲，斯亦伐根以求木茂，塞源而欲流长者也。凡百元首，承天景命，莫不殷忧而道著，功成而德衰。有善始者实繁，能克终者盖寡。岂取之易而守之难乎？昔取之而有余，今守之不足，何也？夫在殷忧，必竭诚以待下，既得志则纵情以傲物。竭诚则胡越一体，傲物则骨肉为行路。虽董之以严刑，振之以威怒，终苟免而不怀仁，貌恭而不心服。怨不在大，可畏惟人。载舟覆舟，所宜深慎。

麦穗体不仅仅可以用于笔记书写，用它作小方格的作文和论文书写，填写个人履历表等，都是一种较好的书体。

图九十　麦穗体方格文章书写

第六章

正字卷三：不同学段汉字规范书写的几种书体

虞世南楷书

教育部2013年颁布的《中小学书法教育指导纲要》，鼓励学生通过临写经典碑帖学习书法。笔者从教育部推荐的范本中选择了几种适合于学生书写的字帖，改写为铅笔字或钢笔字，供大家临摹书写。为遵照国家推行规范汉字的要求，改写书谱全部使用简化字和现代汉语标点符号。

小学生铅笔字楷书的临书仿写

长期以来，小学生在识字认字写字阶段，都是采用唐楷的碑帖来进行书写的。初唐时期欧阳询的《九成宫醴泉铭》、中唐时期颜真卿的《多宝塔碑》、晚唐时期柳公权的《玄秘塔碑》、元代赵孟頫的《胆巴碑》，被称为四大楷书法帖。

为不脱离语文教材的要求，我们将小学一二年级学生的铅笔字楷书书写，完全按照教材的标准，归纳为1200个常用字、词，以及需要背诵的诗词和课文的书写示范，供师生选用，以免学生在没有任何指导下依样画葫芦地书写，走错方向。

同时，为满足个别学生更高的学习需求，我们又将柳公权的《玄秘塔碑》改写成铅笔字，并将简体字附在每一小段的后面，以便临写时辨识。小学生师从古帖的临书仿写，并不是要他们写得多好，而是让他们通过临写范帖，体验到汉字书写笔法、字法的奥妙，从小养成良好的观察力、平衡力、书写表达能力。当然，师从古帖的学习，大人不要强迫学生书写，而要因势利导，从培养他们的兴趣入手。当然，在有经验的教师指导下学习更好，但一定要从铅笔字书写入手，以免与小学语文教学要求不相符合。

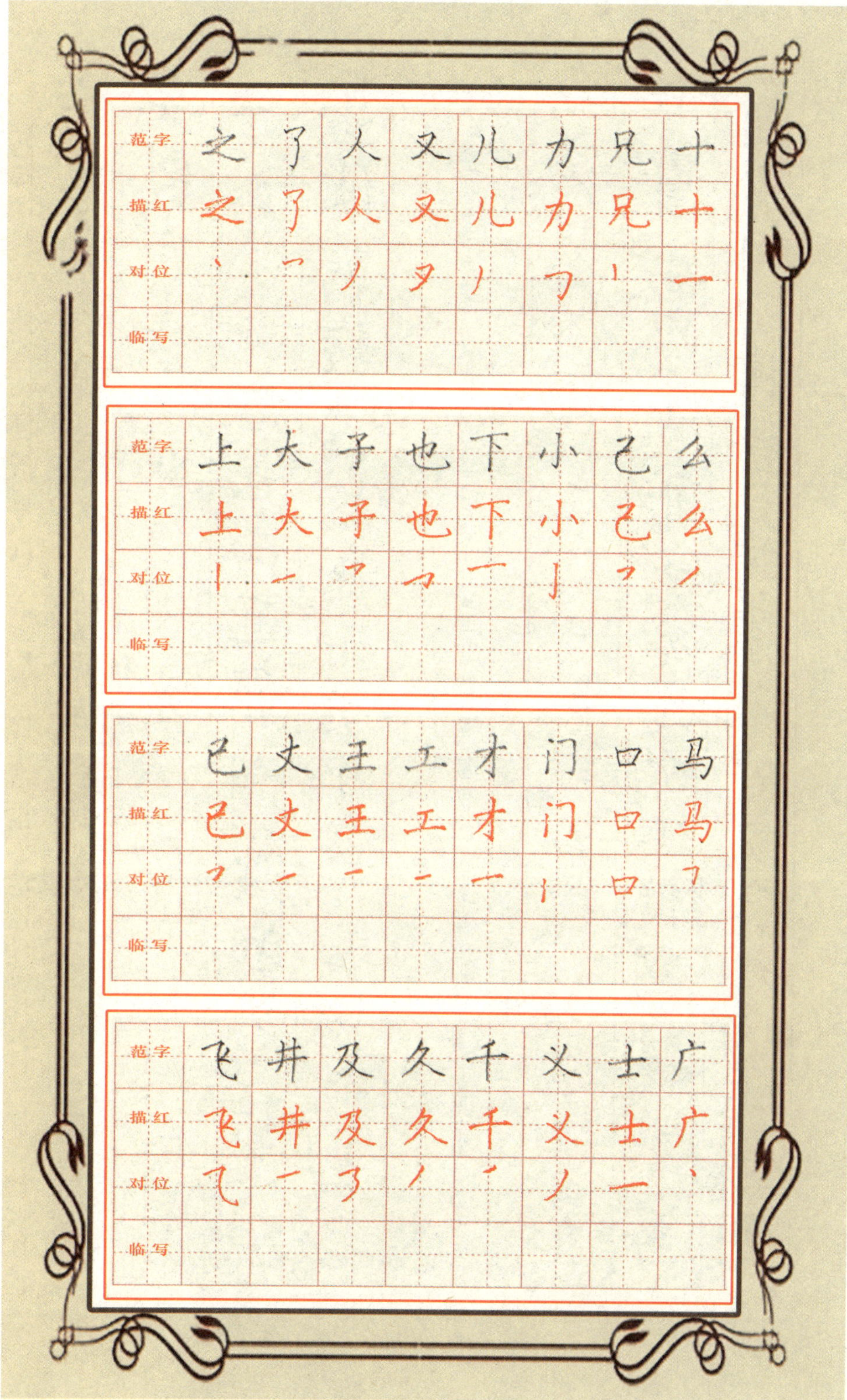

图九十一　小学生铅笔字常用字、词1200个范帖选页

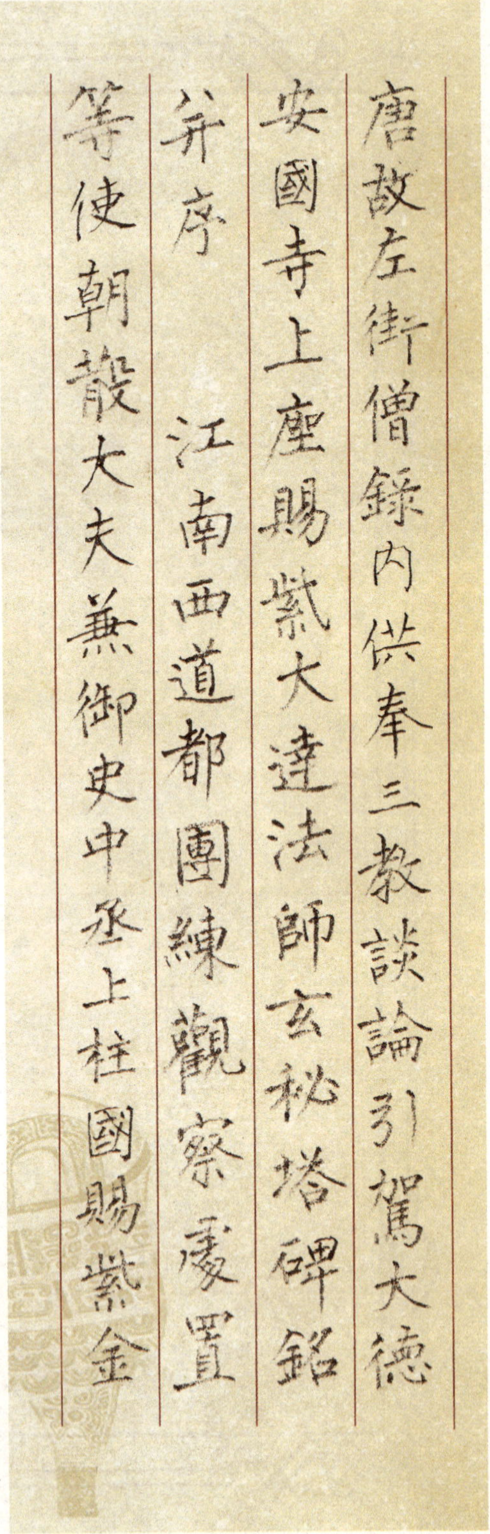

简体：唐故左街僧录、内供奉、三教谈论、引驾大德、安国寺上座、赐紫大达法师玄秘塔碑铭并序。江南西道都团练观察处置等使、朝散大夫兼御史中丞、上柱国赐紫金鱼袋裴休撰。正议大夫、守右散骑常侍、充集贤殿学士、兼判院事、上柱国、赐紫金鱼袋柳公权书并篆额。玄秘塔者大法师

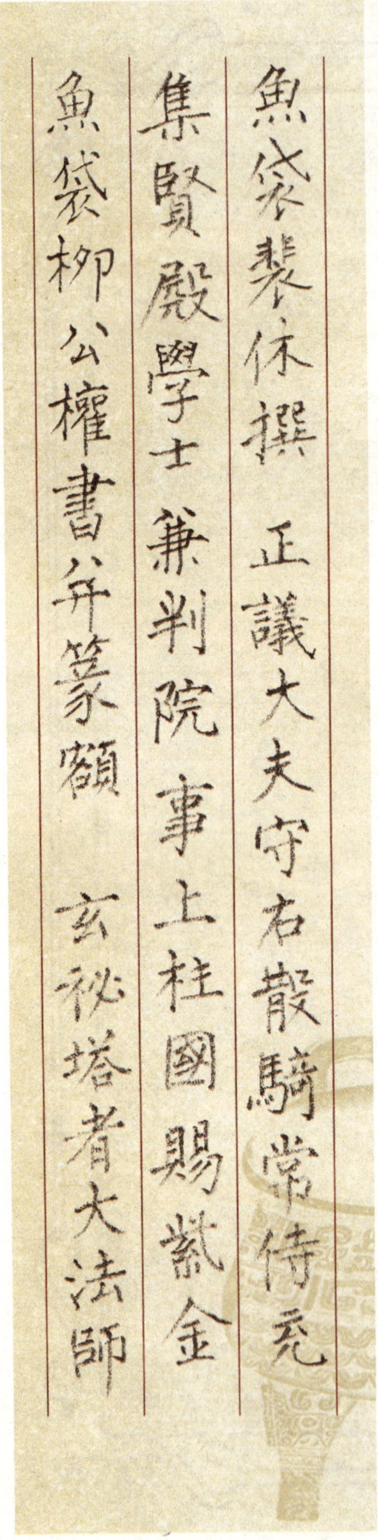

图九十二　铅笔字柳公权楷书《玄秘塔碑》范帖选页

小学生钢笔字行楷书入门

小学三年级，学生开始使用钢笔进行书写。但存在的最大问题是，大多数的学生依然采用写铅笔字的方法来进行钢笔的书写。书写时非常用力，由此形成了通过刻画来书写的问题，千人一面的棒棒体由此而产生。这种书体，写起来格外吃力，而且书写速度也不快。

如果我们利用这一段时间学习行楷书技法，则可以为今后的行书书写打下良好的基础。行楷书，介于楷书和行书之间，古代有许多书法大师都精于这方面的书写，其中最为著名的有王羲之、虞世南、褚遂良、赵孟頫等人。行楷书也是古代最为通行的应用型书体。

我们选用褚遂良书体作为范帖，因为这种书帖最适合钢笔字的书写。

行楷书法，既不像楷书那样一笔一画规规矩矩，又不像行书、草书那样不好辨识，所以一直都是学生书写，尤其是各类型考试书写的主要书体。现在中考、高考、研究生、公招考试均是行楷书写。

褚遂良的行楷书体，被誉为“字里金生，行间玉润”，一直都是万千学子应用书写的经典范本。我们将简体字附在改写为钢笔字的《雁塔圣教序》书帖旁边，便于小学生在临写时阅读。当然，这种阅读往往不得甚解，因为《雁塔圣教序》是比较深奥的古文，同时涉及史学、易学、佛学的知识。

用钢笔字书写来临写经典古帖，有利于铅笔字向钢笔字的转化，这样更有利于初高中生的钢笔字的快速书写。我们在本书第五章中，对褚遂良行楷书法的笔法特点进行了书写引导，这对于我们临写此帖极具意义。

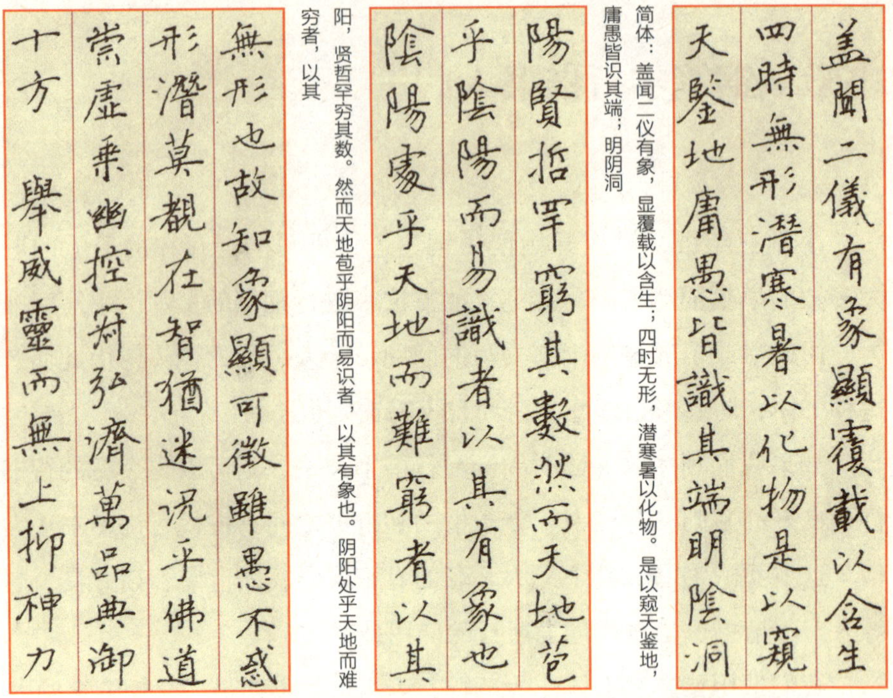

图九十三　钢笔字褚遂良行楷书《雁塔圣教序》范帖选页

初高中生、大学生钢笔字行楷书法学习取向

现代人学习书法，大都从毛笔大字入手。但真正实用的，尤其是有助于钢笔字的书写能力的提高的，还是小字书法。中国古代优秀的书法佳品，多是小字楷书、行书。同时，小字书写的行楷书，也是古代文牍书写、信函书写最为常见的书写方式。它沿袭楷书的笔画结构，对楷书加以简化和省略，在不影响文字的辨识度的基础上，通过引带、勾连、穿插、黏合，使汉文字的书写变得更加快捷，由此形成了流畅自然的书写之美。纵观中国书法史，无论是魏晋以来的王羲之、王献之，还是唐宋以来的苏轼、黄庭坚、米芾、蔡襄，明清时代的王铎、文徵明、何绍基，都在行书书写上展现了极为高超的书艺。

初高中生是否有可能练习这种经典的书法技艺？笔者认为：从初中到

高中一年级，都是练习书法的好时段。不过，由于课业负担重，毛笔字的书写学习，已经不太可能了，但直接采用钢笔字临写简体化的古帖，也是极有成效的一种学习方式。

初高中生的课业书写和考试书写，一般有两种书写格式：横排笔记体书写和方格作文书写。

笔记型书写，使用最为广泛，不只是语文课程，其他课程也要用到。它的书写情况如何，会直接或间接地影响到中考、高考成绩。初高中生的方格作文书写也是这样，不过，它在考试中主要用于作文论文。

当然，初高中生的应用型书写，也要有良好的基础。现代汉语书帖临写，对于钢笔字基础训练十分重要。初高中生不同于小学生的书写学习方法是：将书写的练习与语文课要求的古诗词、古文学习结合在一起，一边学习书写技艺，一边背诵这些文章，古人称这种方法为：手读。俗语道：好记性不如烂笔头，读书十遍，不如书写一遍。

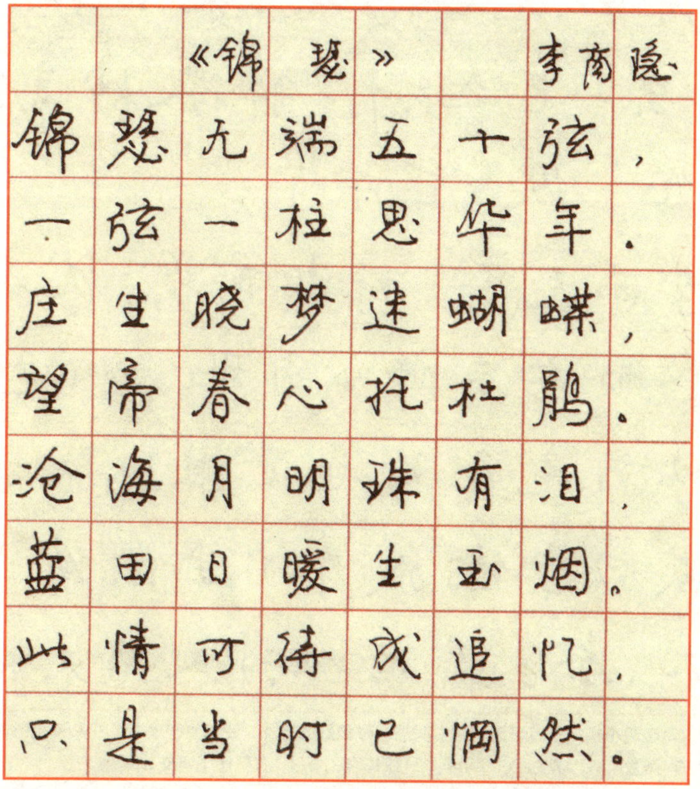

图九十四　《唐诗100首》硬笔字书写字谱范例选页

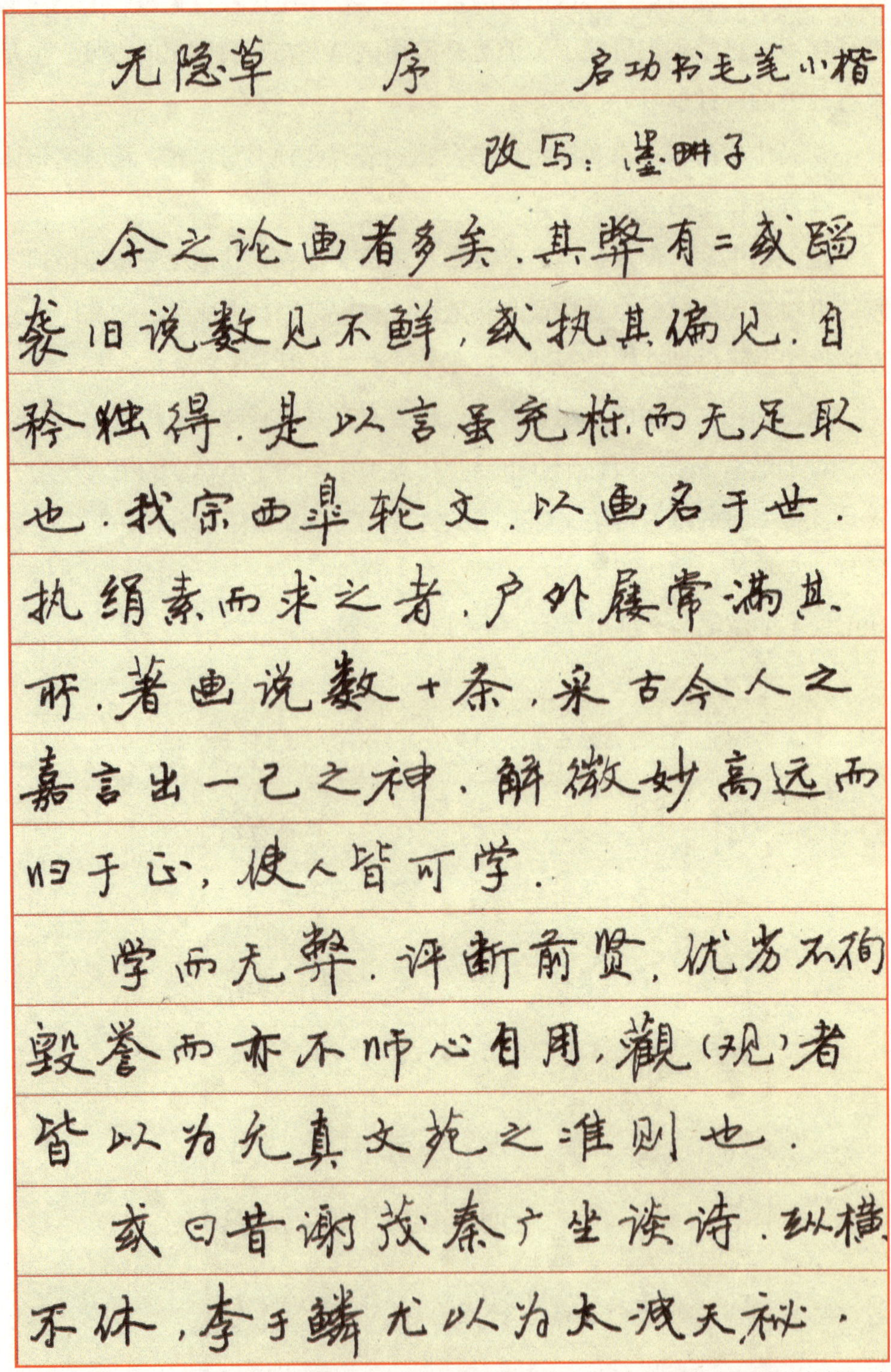

无隐草　序　启功书毛笔小楷

改写：墨畊子

今之论画者多矣。其弊有二：或蹈袭旧说，数见不鲜；或执其偏见，自矜独得。是以言虽充栋，而无足取也。我宗西皋轮文，以画名于世。执绢素而求之者，户外屦常满。其所著画说数十条，采古今人之嘉言，出一己之神解，微妙高远，而归于正，使人皆可学。

学而无弊，评断前贤，优劣不苟，毁誉而亦不师心自用，觀（观）者皆以为允，真文苑之准则也。

或曰：昔谢茂秦广坐谈诗，纵横不休，李于鳞尤以为太泄天秘。

用钢笔字改写毛笔小楷，是练习钢笔字书写的一种极好的方式，我们将初高中需要熟读和背诵的古诗词、古文，用钢笔字书写作为范帖，学生通过“手读”，既练习了书写，又熟悉了课文。

图九十五　硬笔字横排书写字谱范例选页

同时，学生经常书写练习古诗词、古文，不仅仅有利于记忆，还有利于修辞和篇章结构的学习，以及逻辑思维、注意力的培养。古人云：“腹有诗书气自华”，就是这个道理。

钢笔字的横排书写练习，最为重要。笔者认为：初高中生的书法学习，既要符合汉代汉语书写规范的要求，又要与初高中语文课的教学内容合为一体。行楷书的笔记型书写，尤为重要。所以通过方格书写来手读古代诗词，以横排笔记型书写来手读古典经典文牍，均是最好的选择。